à table en famille

RECETTES ET STRATÉGIES POUR RELEVER LE DÉFI

Catalogage avant publication de Bibliothèque et Archives Canada

Breton, Marie

À table en famille : recettes et stratégies pour relever le défi

Comprend des réf. bibliogr.

ISBN 2-89077-306-X

1. Cuisine. 2. Cuisine santé. 3. Menus - Planification. I. Emond, Isabelle. I. Titre.

TX714.B73 2006   641.5   C2006-940133-0

Photos

Styliste culinaire :	Stéphan Boucher
Styliste accessoires :	Irène Garavelli
Assistante studio :	Caroline Graf
Assistants numériques :	Annie Fafard et Gilles Gagné
Accessoires :	Caban, Les Touilleurs, Quincaillerie Dante et Zone

Louis Prud'homme remercie Ulysse Arsenault-Maynard, Irène Garavelli et Thomas Prud'homme d'avoir posé pour lui.

Graphisme et mise en pages : Olivier Lasser

Cet ouvrage a été imprimé par l'imprimerie Friesens au Manitoba, Canada.

www.flammarion.qc.ca

MARIE BRETON ET **ISABELLE EMOND**
DIÉTÉTISTES

à table en famille

RECETTES ET STRATÉGIES POUR RELEVER LE DÉFI

PHOTOS DE LOUIS PRUD'HOMME · ILLUSTRATIONS DE PHILIPPE BEHA

Flammarion
Québec

Manger en famille, tout un défi !

Réussir à préparer les repas et s'asseoir à table en même temps pour manger n'est pas aisé de nos jours. Nous travaillons de longues heures. De retour à la maison, après le détour par la garderie ou le dépanneur, nous nous efforçons de redevenir des parents, de cuisiner, de superviser les devoirs et les bains, tout en jonglant avec les pratiques de hockey de fiston, les cours de chant de fifille et les sempiternelles tâches ménagères. Pour couronner le tout, notre grande touche à peine à son assiette et junior lève le nez sur tout ce qu'on lui propose. Décidément, si réunir la famille autour d'un vrai repas représente un défi en soi, s'assurer en outre que la marmaille mange bien (ou mange tout court) relève du véritable exploit ! Pourtant, c'est faisable, et ce livre en fera la démonstration.

Les repas sont essentiels à la santé émotionnelle et nutritionnelle de la maisonnée. Ils offrent une occasion unique de se retrouver, de rétablir le contact, d'échanger et de resserrer les liens. Rien d'étonnant à ce que les familles qui choisissent de faire du souper traditionnel un rituel quotidien bénéficient d'une plus forte cohésion et d'un sens plus développé de la famille. En outre, les enfants de ces foyers ont une meilleure alimentation que ceux qui grignotent à longueur de journée ou mangent seuls sur le bout du comptoir. Ils s'alimentent mieux à la maison, font des choix plus judicieux à l'extérieur et développent leur goût pour une gamme plus variée d'aliments. N'est-ce pas rassurant quand on pense à la difficulté que les jeunes éprouvent parfois à bien se nourrir dans les cafétérias scolaires et les restaurants à service rapide ? Malheureusement, le tiers des adolescents prennent au plus deux repas par semaine en famille[1] !

1. D. Neumark-Sztainer, P.J. Hannan, M. Story, J. Croll et C. Perry. « Family meal patterns : associations with socio-demographic characteristics and improved dietary intake among adolescents », *J Am Diet Assoc* 103(3) : 317-22, 2003.

Sans repas pris en famille, une maison n'est qu'un endroit où habiter ! Or, malgré l'évidence, combien d'entre nous affirment manquer de temps pour faire l'épicerie, popoter et s'asseoir à table. Il existe bien sûr des solutions, comme celles qui sont proposées dans les chapitres suivants. Mais les outils et les stratégies ne suffisent pas. Il faut aussi une attitude propice. Celle qui permet de trouver les précieuses minutes. Celle grâce à laquelle on prend plaisir à la tâche. Manger est une nécessité, mais ce besoin sera comblé plus adéquatement si l'on choisit d'en faire une priorité pour soi et pour sa famille. C'est alors seulement qu'on pourra pleinement profiter des ressources à sa disposition.

Si vous considérez comme une priorité de bien nourrir votre famille, ce livre vous sera utile. Il vous fournira des principes réalistes et efficaces pour planifier votre menu et vos achats, faire des choix alimentaires sains et apprêter les mets avec efficacité. Il vous guidera dans la manière d'aider votre enfant à élargir son répertoire alimentaire, à consommer selon les exigences de son corps et à se comporter de façon appropriée à table. Pour nourrir votre inspiration au quotidien, vous y découvrirez aussi une centaine de recettes adaptées à la réalité des agendas d'aujourd'hui : des plats nourrissants, rapides à réaliser et bons (c'est nos petits goûteurs qui l'affirment !), ne comptant pas plus d'une dizaine d'ingrédients faciles à trouver et s'accompagnant de trucs, de variantes et de données nutritionnelles qui vous faciliteront la vie. Plusieurs de ces plats peuvent être doublés, congelés ou préparés en partie ou totalement à l'avance. En plus, votre enfant pourra mettre la main à la pâte grâce aux suggestions de tâches à sa mesure.

Il n'existe pas de bonnes ou de mauvaises méthodes. Il n'y a que des approches qui fonctionnent mieux selon nos familles. Nous vous souhaitons de trouver ici la vôtre.

Parents et enfants, il est temps de se mettre à table !

1. Élever un bon mangeur

C e que l'on sert à manger est important, mais la manière de le présenter l'est tout autant. Pour que notre enfant développe ses compétences alimentaires, apprenons à « négocier » avec lui.

Un bon mangeur, ce n'est pas un enfant qui arrive à table affamé, vide son assiette avec avidité et en ressort satisfait. Ce n'est pas non plus un petit qui mange de tout (ou presque) avec un plaisir manifeste et des manières impeccables ! Est-ce que chacun de nous aime tout ? Un bon mangeur consomme quand il a faim et s'arrête quand il est rassasié (même s'il doit laisser la moitié de son gâteau au chocolat !). Il trouve son compte dans ce qui est offert sur la table, accepte la plupart des aliments et refuse poliment ceux qu'il apprécie moins. Un bon mangeur manipule ses ustensiles de façon appropriée, se comporte de manière agréable et il a autant que possible de bonnes manières. Évidemment, Rome ne s'est pas faite en un jour. Développer de telles habiletés prend des années et nous oblige parfois à revoir nos méthodes.

COMMENT AGIR ?

Élever un bon mangeur exige un partage des responsabilités entre le parent et l'enfant. Cela veut dire que chacun a ses tâches. Cela implique aussi qu'une fois notre travail terminé, il faut résister à la tentation d'empiéter sur le « territoire » de l'autre... On doit se fier à son enfant et présumer qu'il fera sa part. Il la fera.

Le principe de la division des responsabilités a été conçu il y a plus de trente ans par la diététiste et psychologue américaine Ellyn Satter. Depuis, il a fait ses preuves et il est appliqué par un nombre croissant de nutritionnistes dans le monde entier. La règle est simple et efficace. Elle s'applique à tous les enfants, qu'ils soient malades ou en parfaite santé, et (avec de légères adaptations) à tous les âges. Selon ce principe,

Le parent est responsable de quoi, quand et où,
c'est-à-dire des aliments qu'il prépare, de l'heure et du lieu où il les sert.

L'enfant est responsable de combien,
c'est-à-dire de la quantité de nourriture qu'il mangera parmi ce qui est proposé.

On se rend à l'épicerie ? On cuisine des plats nourrissants ? On dresse la table avec ponctualité ? On réunit la maisonnée dans une atmosphère cordiale ? Voilà notre travail. Il est considérable. Pour le reste, à l'enfant de jouer ! C'est à lui de choisir ce qu'il mangera (ou ne mangera pas) parmi ce qui est offert et en quelle quantité il l'ingérera.

Le mot d'ordre ici est : confiance. Il vaut mieux se fier à son enfant plutôt que de vouloir le contrôler. Apprendre à ne pas trop *s'en* faire et à ne pas trop *en* faire. On exprime notre confiance à notre enfant lorsqu'on le croit quand il nous dit qu'il n'a plus faim (ou qu'il a encore faim) et lorsqu'on accepte qu'il n'ait pas envie d'un aliment. On doute de ses capacités quand on tente de lui faire avaler certains produits ou certaines quantités qu'il ne veut pas.

Si l'on applique le principe de la répartition des responsabilités, notre enfant grandira en devenant un bon mangeur. Il sentira qu'il est compris, respecté et aimé, qu'on lui fait confiance. On vivra des moments plaisants à table et on aura la satisfaction de savoir qu'on fait le nécessaire. Si l'on procède autrement, l'enfant croira qu'on veut le contrôler, qu'il n'agit pas correctement puisqu'on se comporte de cette façon envers lui. Il ne se sentira bien ni avec lui ni avec nous. Son comportement alimentaire en souffrira. Les problèmes commenceront ou se perpétueront.

POURQUOI ?

On peut conduire un cheval à la rivière, mais on ne peut le forcer à boire. On peut emmener l'enfant (et les aliments) à la table, mais on ne peut d'aucune façon l'obliger à avaler quelque chose, au risque d'en payer le prix. Tous les enfants veulent manger. Ils savent instinctivement quelle quantité prendre pour que leur corps grandisse comme il a été programmé pour le faire. Ces petits attendent de nous qu'on leur fournisse de l'amour et des limites, c'est-à-dire un encadrement favorable à leur développement psychologique et physique.

8

L'enfant veut manger. La volonté de vivre et la motivation à manger sont innées. Même chez l'enfant le plus malade. Pourtant, certains parents semblent persuadés que leur bout de chou ne survivra pas s'ils ne prennent pas les choses en main. Alors ils plaident, argumentent, discourent, forcent, récompensent, menacent ou exercent tous les chantages pour lui faire avaler la moindre cuillerée. À l'opposé, d'autres parents paraissent convaincus que leur petit est obsédé par la nourriture et que s'ils le laissent manger autant qu'il veut, il va s'empiffrer et devenir gros. Alors ils tentent de le restreindre.

L'enfant sait quelle quantité prendre. Il est capable d'ajuster ses apports alimentaires aux demandes de son corps en prêtant attention aux signaux internes de faim et de satiété qui lui indiquent combien il a faim et quand il est rassasié. Nul besoin d'intervenir. Son corps sait quelle quantité lui convient et il le lui dicte. Il en était ainsi pour nous avant qu'on nous soumette à toutes sortes de doctrines et d'interdits qui changent d'ailleurs selon les modes.

L'enfant résiste naturellement à la nouveauté. Les enfants sont prudents face aux aliments inconnus. Ils n'aiment pas d'emblée la nouveauté et l'acceptent rarement la première fois. Jusqu'à l'âge de trois ans, la néophobie est à son maximum et seuls le temps et l'exposition répétée à l'aliment nouveau auront raison d'elle. Alors l'important, ce n'est pas que notre petit mange du brocoli *ce soir*, mais qu'il en consomme *un jour* et *pour la vie*. Il possède en lui la motivation à expérimenter et à apprivoiser les nouveaux aliments. Il voit ses parents les déguster. Nul besoin qu'on ajoute de la pression.

L'enfant a besoin de temps. Attendre est ce qu'il y a de plus ardu pour les parents. Il faudra parfois s'interdire de parler ou d'agir quand on verra son enfant (une fois de plus) choisir les mêmes aliments, toucher à peine à son assiette ou prendre un repas de pain. Mais c'est ainsi qu'on lui donnera la chance d'élargir son répertoire alimentaire.

L'enfant réagit mal à la pression. Presque tous les parents insistent, parce que la plupart souhaitent des résultats immédiats et font ce que leurs parents ont fait avant eux. La pression naît des bonnes intentions.

- **Si on le force à manger ?** Si l'on fait quoi que ce soit qui ressemble ou peut être perçu comme une obligation, l'enfant le sent. Généralement, il résiste. Le parent le contraint davantage, l'enfant se rebelle, il ne mange pas (et lorsqu'il mange, il n'aime pas !) et le cercle vicieux s'installe. Résultat : le parent éprouve de la culpabilité, l'enfant prend une mine pitoyable, l'heure du repas se transforme en scène de combat et la situation se détériore plutôt que de s'améliorer. Certains enfants vont même jusqu'à s'amuser (les tout-petits adorent ce jeu !) à refuser l'aliment pour tenter ensuite de l'utiliser à leurs fins. On peut encourager un enfant à goûter, on ne devrait jamais l'y forcer.

- **Si on l'empêche de manger à sa faim ?** Si on tente de le restreindre (pour le garder mince, par exemple), l'enfant se sent privé et devient préoccupé par la nourriture. Dès qu'il en a la chance ou que sa volonté (ou celle du parent !) faiblit, il est porté à se goinfrer pour nous défier ou par crainte d'en manquer et d'avoir faim plus tard. De la même manière, l'enfant à qui l'on refuse constamment certains aliments qu'il considère comme « désirables » les réclame encore plus. Dès qu'il en a l'occasion (et elle vient), il s'en gave, de peur qu'elle ne revienne pas.

- **Dans un cas comme dans l'autre,** à force d'être restreint ou contraint, l'enfant perd sa capacité à percevoir ses signaux internes de faim, d'appétit et de satiété. Il ne consomme pas les quantités appropriées à son corps et il ne grandit pas comme il le devrait. Il n'apprend pas non plus à aimer les bons aliments, alors que les produits moins sains le tentent davantage…

L'enfant n'a pas besoin de récompense. Les enfants ne sont pas stupides. Ils savent quand on les force, même si c'est fait de façon subtile. La psychologue américaine Leann Birch, dans une de ses études, a donné une récompense à des enfants pour avoir essayé un nouvel aliment. Elle a ensuite laissé les membres d'un autre groupe s'approcher du produit de façon tout à fait neutre. Fait intéressant, les enfants qui ont été récompensés pour avoir goûté l'aliment ont été moins enclins à y retoucher par la suite que les enfants livrés à eux-mêmes. D'autres études ont montré que lorsqu'on utilise un aliment comme récompense pour avoir mangé un autre aliment, on augmente aux yeux de l'enfant la valeur de l'aliment-récompense et on suscite son désir pour cette chose. Par exemple, si l'on récompense un enfant avec du dessert pour avoir consommé son brocoli, on lui apprend à aimer davantage le dessert et à aimer moins le brocoli[2].

2. L.L. Birch, D.W. Marlin et J. Rotter. « Eating as the "means" activity in a contingency : Effects on young children's food preference », *Child Development,* 55(2) : 431-9, 1984.

Exerce-t-on un trop grand contrôle ?

On se demande pourquoi un enfant mange trop ou pourquoi il ne mange pas assez, ou encore pourquoi il est si difficile ? Dans la majorité des cas, c'est que derrière lui se trouve un adulte qui insiste pour qu'il prenne certaines quantités ou certains aliments… Cette influence s'exerce souvent dès la naissance lorsque, par exemple :

- on tente d'imposer un horaire à son bébé, de le forcer à finir sa bouteille ou d'incorporer des céréales pour bébé dans sa compote de pommes pour les lui faire avaler ;

- on empêche un enfant joufflu d'avoir une deuxième portion ;

- on insiste pour que l'enfant goûte un nouvel aliment ;

- on le prive de dessert s'il ne mange pas ses légumes ou sa viande ;

- on promet une sucrerie s'il finit son poisson ;

- on fait un discours sur la nutrition pour le persuader de boire son lait ;

- on interdit totalement les friandises ;

- on exige que l'enfant vide son assiette ou prenne « cinq » bouchées avant de quitter la table ou d'avoir droit au dessert.

AU QUOTIDIEN

Voici, de façon plus détaillée, comment appliquer le principe de la division des responsabilités. Ces techniques éprouvées nous éviteront de tomber dans les pièges habituels et préviendront les conflits autour de la table. En résumé,

**On apporte les repas à la table,
on prend plaisir à manger en famille,
on laisse l'enfant faire le reste.**

Choisir le menu. Nous sommes les gardiens des aliments. C'est à nous de décider ce qui entre (ou non !) dans la maison et ce qui se retrouve sur la table. Après tout, c'est nous qui connaissons le mieux la nourriture et ce dont nos enfants ont besoin pour grandir. De plus, c'est à eux de s'adapter aux habitudes de la famille et non à la famille de se plier à leurs goûts et à leurs exigences. En conséquence, tous devraient se voir présenter la même chose, même si nul n'est tenu d'en manger !

Il n'est pas vital (ni même souhaitable) que tout ce qui est apporté sur la table plaise à tout le monde en même temps. Malheureusement, dans bien des familles, l'offre finit par se limiter à la demande. Cela dit, on aidera son enfant à trouver son compte en planifiant des repas qui combinent des aliments familiers et aimés (ce qui inclut ses mets favoris de temps en temps) avec des aliments moins coutumiers. On a par exemple une viande peu populaire au menu ? On inclura un féculent ou un légume généralement affectionnés et au moins un aliment sur lequel l'enfant pourra jeter son dévolu si rien d'autre ne lui convient : du pain. En offrant ainsi plusieurs mets parmi lesquels il pourra choisir, on respectera ses goûts et ses aversions sans avoir à préparer autre chose pour le satisfaire.

Si notre petit n'accepte pas d'emblée tout ce qu'on lui propose, il le fera un jour, car ces aliments seront courants sur la table et il verra les personnes signifiantes à ses yeux les déguster. De fait, les enfants finissent par embrasser nos habitudes alimentaires et nos goûts. En attendant, si notre enfant ne veut pas toucher à son repas, c'est son choix. On ne doit pas se sentir responsable ou coupable. Rappelons-nous : notre travail se termine lorsque la nourriture arrive sur la table, pas dans l'enfant…

Ne pas offrir autre chose. Il serait si facile de mettre sur la table le pot de beurre d'arachide ou les céréales préférées de l'enfant lorsque celui-ci n'est pas intéressé à ce qu'on a préparé. Mais, ce faisant, on ne rendrait service à personne. Le petit à qui l'on offre une solution facile est encouragé dans son comportement. Il n'apprend pas à manger ses repas, car on lui transmet le message qu'il *n'a pas* à le faire. Plutôt que de « risquer » de goûter ou de faire l'effort de manger comme les autres, il se tourne vers une valeur sûre : ce qu'il connaît et chérit.

Le repas en famille est là pour fournir l'occasion d'apprivoiser les aliments. Lorsque les parents se soumettent à ses caprices, l'enfant voit ses goûts et ses préférences se restreindre. C'est le contraire du résultat escompté. Même le parent le plus indulgent finit un jour par en avoir assez de se soumettre aux exigences de sa progéniture. Il commence alors à insister pour que l'enfant mange, et celui-ci réagit. Notre petit n'est pas content ? Il le sera au prochain repas. D'ici là, avec la variété de mets présente sur la table, il devrait trouver de quoi se sustenter, à moins qu'il n'ait tout simplement pas faim.

Établir un horaire régulier. Être nourri est le besoin le plus primaire d'un être vivant. Il est rassurant pour un enfant de savoir que les repas viendront à des heures régulières, qu'il n'aura pas faim et qu'il ne manquera pas de nourriture. Un horaire de repas et de collations lui procure cette sécurité. Il lui permet aussi de mieux contrôler sa faim et sa satiété. En plus, lorsqu'on grignote n'importe quand, on risque de manger n'importe quoi et de ne pas avoir d'appétit pour les bons plats préparés. En suivant un horaire constant, on fait en sorte d'avoir faim (mais pas trop) lorsqu'on se met à table et on est bien plus intéressé par ce qui s'y trouve. Avoir un horaire régulier sous-entend qu'on ne picore pas entre les heures prévues de repas et de collations…

Avoir des attentes réalistes. Un tout-petit mange beaucoup avec ses doigts. Un enfant d'âge préscolaire utilise une cuillère et une fourchette… et ses doigts. Il renverse encore son lait. L'aîné peut toujours exiger que vous retiriez cet aliment « infect » de son assiette. En fait, cela prend du temps pour qu'un enfant mange proprement et qu'il puisse manipuler la plupart des aliments. Alors, soyons tolérants et ne nous préoccupons pas trop de ses agissements. Gardons plutôt le rouleau d'essuie-tout à portée de la main !

N'hésitons pas toutefois à lui exprimer nos attentes. Ses manières n'ont pas à être raffinées, mais elles devraient être suffisamment soignées pour que le repas se déroule en douceur. Autrement, il devra quitter la table. Laissons-lui savoir que les critiques, les jérémiades et les impolitesses n'y ont pas leur place. Il n'est pas non plus indiqué de faire balancer sa chaise, de lancer sa nourriture ou d'émettre des bruits dégoûtants ! On dit « Oui », « S'il vous plaît » et « Non merci » et l'on s'assoit sur ses (deux) fesses.

Voici quelques comportements qui sont inacceptables :
- pleurnicher ou se plaindre de la nourriture offerte ;
- manger la bouche ouverte ou en faisant du bruit ;
- se tenir mal assis ou à moitié couché sur la table ;
- s'essuyer la bouche (ou se moucher !) avec la nappe ou son chandail ;
- lécher son couteau ou son assiette ;

- être impoli ;
- lancer de la nourriture ;
- se balancer sur sa chaise ;
- parler la bouche pleine ;
- manger debout ou sur une fesse.

Donner l'exemple. Notre enfant veut manger et il veut manger la même chose que les grands. Mais il a besoin de temps et de nous. On l'aidera en multipliant les occasions de découvrir de nouvelles saveurs et en se comportant en tout temps comme on souhaiterait qu'il le fasse… un jour. Notre bambin observe ce que l'on mange et est influencé par ce qu'il voit. Si l'on consomme des petits pois, consommer des petits pois devient pour lui la chose à faire. Il suffit donc que nous prenions plaisir à avaler nos petits pois. Ne nous attendons toutefois pas à ce qu'il mange immédiatement tout ce qu'on met devant lui.

Persévérer. La plupart des enfants affectionnent les bonbons, les frites et les boissons gazeuses du premier coup ! Mais apprivoiser un légume prend plus de temps… Il y a peu de chances que notre enfant mange des artichauts en vinaigrette la première fois qu'il nous verra en consommer. Ni même la seconde. Mais l'idée fera son chemin. À force de voir des artichauts en vinaigrette dans son assiette et de nous voir les déguster, il va assimiler la notion que c'est bon, qu'il est normal d'en manger et que lui aussi, un jour, il le fera. Au début, on aura l'impression de cuisiner pour rien. L'enfant ne supportera peut-être même pas la « chose » dans son assiette. Puis, un jour, il la regardera mais n'y touchera pas. Un autre jour, il en prendra une bouchée et la recrachera. Plus tard encore, il en avalera une bouchée mais n'en reprendra pas. Puis un beau midi, alléluia, à force d'y goûter, il l'aimera ! La recherche a démontré que l'enfant peut devoir goûter 10, 15 ou 20 fois une nouveauté, en autant de repas, avant de l'apprécier. Plus il est exposé à l'aliment, plus il se familiarise avec et plus il apprend à l'aimer.

Rester neutre. Le chantage, les menaces et les supplications n'ont pas leur place à table. Ils empoisonnent la relation avec l'enfant et le climat aux repas. Ils entraînent d'ordinaire le contraire du résultat désiré. Un enfant se comporte mieux lorsqu'il sent qu'il a le contrôle. Ne tentons pas de le forcer à manger. Ni de le restreindre. Apportons simplement la nourriture sur la table et laissons-le manger selon ses goûts et son appétit. Vous verrez, les aliments «vertueux» deviennent plus tentants lorsqu'on n'est pas contraint de les manger. Quant à l'interdit, il est tellement désirable ! Un truc : mentionnez à votre petit que les asperges ou les moules dans votre assiette sont des «aliments de grands». Vous verrez alors son intérêt décupler.

Manger en famille. Ce n'est pas facile de s'attabler ensemble. Il y a tellement d'obstacles. Les journées de travail sont longues. Des activités parascolaires et professionnelles sont souvent planifiées en fin de journée. Mais pour bien nourrir sa famille, les repas à table sont *essentiels*. Ils permettent aux enfants d'avoir une alimentation plus adéquate non seulement à la maison mais aussi à l'extérieur et d'acquérir le goût pour une plus grande variété d'aliments.

Le moment du repas est l'une des rares occasions de la journée où toute la famille se retrouve. Le fait d'insister pour que tous se mettent à table indique à nos enfants que ces réunions comptent à nos yeux et que la famille nous est chère. Ce n'est pas le temps de regarder la télé ou de régler nos problèmes internes… Idéalement, c'est lorsque les enfants sont jeunes que l'on devrait instaurer le rituel des repas en famille afin que plus tard, quand ils seront adolescents, ils gèrent leurs activités scolaires et sportives sans oublier le repas traditionnel.

Rendre la période du repas agréable. Les enfants comme les adultes ont besoin d'une ambiance détendue pour manger. Quand l'atmosphère au repas est perturbée, l'enfant peut être réticent à expérimenter la nouveauté et avoir du mal à rester branché sur ses sensations de faim et d'appétit. Le stress pourra le pousser à surconsommer ou à se sous-alimenter. Fermons la télévision, entretenons une conversation stimulante et propice aux échanges, aidons l'enfant à se servir, respectons son rythme et écoutons-le quand il nous dit qu'il n'a plus faim. Bref, concentrons-nous sur le plaisir d'être ensemble et de manger plutôt que sur l'assiette de l'enfant.

Rechercher la diversité. Il est important de mettre l'accent sur la variété lorsque l'on prépare les repas, même si notre enfant ne possède pas un large registre alimentaire !

- **Pour la santé.** Notre compréhension des liens entre la nutrition et la santé est loin d'être complète et évolue continuellement. Diversifier les aliments et les mets plutôt que suivre la dernière mode en matière d'alimentation réduit les risques de malnutrition. Chaque produit étant différent, le fait de miser sur la variété permet de tendre vers une alimentation nutritionnellement adéquate.

- **Pour le plaisir.** Les études montrent que les enfants se lassent, même de leurs aliments préférés. Pourquoi ? Parce qu'ils accordent de l'importance à ce que goûtent les choses. Ils mangent par plaisir et non par obligation. Malheureusement, les adultes sont souvent peu centrés sur leurs signaux internes. Lorsqu'ils pensent qu'ils doivent manger d'un produit, ils en mangent, que ce soit bon ou pas. Pourquoi ne pas faire comme les enfants et cultiver une attitude de curiosité par rapport à la nourriture, juste pour le plaisir ?

- **Pour développer son goût.** On ne peut pas aimer ce qu'on ne connaît pas ! Pour qu'un enfant en vienne à apprécier toutes sortes d'aliments, il doit d'abord être en contact avec toutes sortes d'aliments. À l'inverse, si on lui sert toujours la même chose, ses goûts seront forcément limités… à ce qu'il connaît. Notre enfant raffole des pommes ? Offrons-lui-en, mais essayons aussi les kiwis, les clémentines, les pêches, les poires et *tutti frutti* !

Ne pas interdire le dessert. « Pas de légume, pas de dessert », « Finis d'abord ton assiette », « Encore cinq bouchées de viande »… Des générations de parents bien intentionnés ont scandé ces phrases à leur progéniture. Résultat ? Des générations d'enfants ont avalé leur viande ou leurs légumes par obligation et leur dessert comme récompense. Leur aversion pour les aliments sains s'est développée en même temps que leur goût pour le sucré… Pour avoir « droit » à leur dessert, certains enfants vont même surconsommer deux fois : la première quand ils vident leur assiette alors qu'ils n'ont plus faim, et la seconde quand ils avalent leur dessert ! C'était le cas d'une petite fille qui, lorsqu'elle était repue après son assiette principale, se faisait vomir pour réclamer ensuite son « dû ». Qu'il choisisse de manger ou non son repas, l'enfant devrait toujours avoir droit à son dessert, mais à une sage portion. Il restera sans doute sur son appétit, mais il y pensera la prochaine fois avant de repousser son assiette.

Ne pas interdire les friandises. Les aliments interdits perdent de leur attrait quand ils deviennent disponibles. Quand on inclut de temps en temps à son menu (si on aime ces aliments) de la crème glacée, des croustilles et des biscuits, on s'en satisfait pleinement à ce moment-là. On sait s'arrêter quand on n'a plus faim. Puis on est capable de penser à autre chose, car on sait qu'il y aura une prochaine fois. De plus, quelques écarts ne nuisent aucunement à l'alimentation dans la mesure où l'on privilégie la qualité sur une base régulière. Si on préfère les vraies versions de nos gâteries préférées aux imitations réduites en gras, en sucre, en calories, en goût... n'hésitons pas à les choisir. Comme elles nous contenteront davantage, on en consommera probablement moins !

Servir des repas bons au goût. Les jeunes enfants ne mangent pas ce qu'ils devraient manger, comme le font les adultes. Ils mangent d'abord parce que ça goûte bon ! Pour bien remplir son rôle, un repas doit satisfaire la faim et l'appétit. S'il n'apaise que la faim, l'enfant restera sur son appétit et sera enclin à rechercher plus tard ce qui lui apportera le plaisir qu'il n'a pas eu au repas. Pour que nos petits se délectent, il faudra peut-être cuisiner plus souvent car, avouons-le, peu d'aliments préparés du commerce rivalisent, sur le plan du goût, avec ceux que l'on fait soi-même.

Les repas au restaurant

Si l'on va rarement au restaurant, on peut se permettre d'oublier les considérations d'ordre nutritionnel et laisser son enfant manger ce qu'il désire. Si l'on y va couramment, quelques lignes de conduite sauront l'encourager à faire de bons choix. On pourra, par exemple, demander à l'enfant d'avoir au moins trois groupes alimentaires* dans son repas (les frites et le ketchup ne comptent pas dans les légumes !) : un hamburger avec un verre de lait, une pizza ou des croquettes de poulet avec une salade et un jus, par exemple. Une autre possibilité est de lui permettre une seule gâterie : boisson gazeuse, frites, chausson, lait frappé ou autres.

---

* Les quatre groupes d'aliments : produits céréaliers, fruits et légumes, produits laitiers, et viandes ou substituts.

Le goût en bref

Voici, résumés, les grands principes qui ont fait leur preuve dans le développement du goût. Leur bien-fondé et leur application ont été élaborés tout au long de ce chapitre.

- Tenter l'œil et le palais en mariant les couleurs, les saveurs et les textures.
- Essayer la nouveauté en petite quantité en la combinant à d'autres aliments connus et aimés (y compris le pain).
- Ne pas insister pour que l'enfant goûte.
- Ne jamais le forcer à manger.
- Donner l'exemple.
- Répéter les occasions de consommation du nouvel aliment.
- Ne pas utiliser d'aliments attrayants comme objets de chantage ou de récompense.

Les phrases à éviter

« Mange, c'est bon pour la santé. »

« Fais-moi plaisir et mange. »

« Encore cinq bouchées et tu pourras quitter la table. »

« D'accord, mais tu n'auras pas ton dessert. »

« Si tu manges, je te donne un bonbon. »

2. S'organiser

D ans ce chapitre, on va apprendre à s'organiser. Espaces d'entreposage et de travail, menus, inventaires, listes d'achats, visites à l'épicerie… le programme est substantiel mais combien prometteur !

Il n'est pas facile de planifier ses repas et ses achats, de faire l'épicerie, de cuisiner, de nettoyer, surtout avec des enfants qui tournent autour. Cela prend de la discipline, beaucoup de détermination, et la conviction de faire ce qu'il y a de mieux pour sa famille. Les suggestions présentées ici allégeront notre tâche et transformeront ce qui pourrait être une corvée en une activité (plus) satisfaisante.

L'ESPACE DE TRAVAIL

Cuisiner avec les enfants autour peut s'avérer risqué avec tout ce qu'une cuisine compte de coupant ou de chaud. On peut bien sûr garder les petits à l'extérieur de la pièce, mais nous croyons préférable de rendre l'endroit plus sécuritaire et plus fonctionnel.

Éloigner le danger. On range les couteaux tranchants hors de la portée des enfants, dans un bloc par exemple. Surtout, on ne les laisse jamais traîner sur le comptoir ! Sur la cuisinière, on utilise les ronds du fond avant ceux qui sont situés à l'avant et on tourne les poignées des poêles et des casseroles vers l'arrière pour que les petites mains agiles ne puissent pas les atteindre.

Prévoir des îlots de travail utilitaires. Quelques idées.

- **Un coin préparation :** on y réunit les tasses et les cuillères à mesurer, les ustensiles de cuisson, les bols à mélanger et les ingrédients secs de base (farines, sucre, cassonade et autres). On place ceux-ci dans des contenants fermés ; ils seront plus faciles à mesurer que dans les sacs d'origine. Les ustensiles les plus souvent employés (louche, spatule, cuillère de bois, fouet) peuvent être rassemblés dans une boîte de métal ou un pot sur le comptoir ou suspendus au-dessus de l'îlot ou à des crochets au mur. Ils seront plus faciles à attraper qu'au fond du tiroir, surtout si on a les mains pleines de beurre ou de farine.

- **Un coin cuisson :** on réunit les plaques à pâtisserie, les moules à gâteaux et à muffins et les plats de cuisson dans le tiroir sous la cuisinière ou, si celui-ci affiche complet, dans une armoire à proximité.

- **Un coin fruits et légumes :** on range l'épluche-légumes, la brosse à légumes, les planches à découper et les couteaux en plastique pour enfants près de l'évier où les fruits et légumes sont lavés et parés.

- **Un coin enfant :** il peut s'agir d'une armoire dans laquelle on aura regroupé les bols et contenants en plastique à l'épreuve des petits. À moins que ce ne soit l'évier dans lequel fiston pourra laver les carottes ou s'amuser à remplir et à vider d'eau des verres et des tasses. Un bac en plastique rempli de riz cru avec des tasses à mesurer peut aussi faire des merveilles. Cela dit, peu importe ce qu'on choisit de laisser faire à un enfant, il faudra s'attendre à ce que son activité ne dure pas longtemps et à ce qu'elle ne nous aide pas beaucoup. Voyons cela comme un investissement.

L'ESPACE D'ENTREPOSAGE

Certaines denrées se gardent mieux à la température ambiante, d'autres au frigo ou au congélateur et d'autres encore dans un endroit frais, sec et bien aéré. En dépit des meilleures conditions toutefois, même les aliments dits « non périssables » comme les conserves, les pâtes, la farine ou le sirop de maïs ne durent pas indéfiniment. Les conseils suivants nous aideront à maximiser notre capital alimentaire.

Considérer l'achat d'un congélateur. Cet investissement peut s'avérer utile pour acheter beaucoup à la fois et donc moins souvent, profiter davantage des aubaines et cuisiner à l'avance ou en quantité. La partie congélateur du frigo s'en trouve aussi moins encombrée.

Prévoir une chambre froide ou un coin dans le garage. Ces endroits frais (idéalement entre 7 et 10 °C) sont parfaits pour garder les carottes, les oignons, les pommes, les marinades et les conserves pendant plusieurs semaines, voire des mois. Et pour refroidir rapidement les chaudronnées de sauce à spaghetti ou de soupe. Cependant, la température n'y est pas assez froide pour y laisser les aliments périssables (produits laitiers, viandes, œufs et autres) plus de quatre heures. On gardera dans la cuisine une petite quantité seulement des denrées qui y sont rangées ou celles qu'on utilise le plus souvent.

Occuper un espace libre du sous-sol ou d'un placard. Les quelques tablettes que vous y installerez seront vite rentabilisées grâce aux économies réalisées à l'achat de gros formats de farine, de sucre, de pâtes et de riz, ou des conserves et autres denrées moins périssables vendues en promotion. L'endroit doit être bien aéré, frais et sec. Mieux vaut éviter les espaces situés en haut de la cuisinière ou près d'un calorifère ou d'une fournaise.

Installer un thermomètre dans le frigo et un dans le congélateur. Penser aussi à les vérifier régulièrement ! La température à l'intérieur du frigo devrait être d'au plus 4 °C et celle du congélateur, de − 18 °C ou moins.

Inspecter régulièrement le frigo, le congélateur et le garde-manger. Une fois par semaine, jeter les aliments périssables ou les restes de table qui sont au frigo depuis plusieurs jours. Vérifier le congélateur aux trois mois et le garde-manger une fois par année.

La méthode du sac

Marie a toujours eu du mal à s'y retrouver dans le fouillis du congélateur situé au-dessus de son frigo. C'était avant que son amie Christiane lui suggère la méthode du sac ! C'est simple. Dans des sacs de plastique bien étiquetés, on réunit les aliments semblables : les légumes surgelés, les fruits surgelés, la viande crue, la viande cuite, les restes de pain, les bananes entières trop mûres (en prévision des recettes à préparer), etc. Comme si on les classait dans des tiroirs. Résultat : plutôt que de vider le congélateur pour y trouver nos petits pois, on sort le sac des légumes surgelés.

LA PLANIFICATION DES REPAS

Il n'y a rien d'excitant à planifier. Il faut s'arrêter, réfléchir, fouiller, écrire. Mais, croyez-le, il existe une chose pire encore que de planifier ses repas : c'est de ne pas planifier ses repas. Il est déjà difficile de se retrouver en fin d'après-midi pressés, exténués et affamés sans qu'il faille se demander de surcroît : « Qu'est-ce qu'on va manger pour souper ? » Une bonne planification permet de traverser plus facilement ces heures de pointe. Elle aide à retrouver en douceur les enfants, favorise le plaisir de cuisiner et de manger en famille et augmente nos chances de servir des repas savoureux et nutritifs. Vous vous dites sans doute : « Encore une liste de choses à faire ! », « Comment savoir si mardi j'aurai envie de manger des tacos ? », « Serons-nous à la maison ce soir-là ? » C'est juste. Mal employé, le meilleur outil ne peut être d'aucune utilité. Pour qu'elle nous serve, la planification doit être réaliste et répondre avant tout à nos besoins.

Trois méthodes, trois styles

Voici trois méthodes éprouvées de planification des repas, chacune répondant à des besoins différents. À nous de choisir celle qui nous conviendra le mieux.

Avoir sous la main :

- l'horaire de la semaine pour la famille ;
- des sources d'inspiration (cahier de recettes personnelles, magazines, livres ou sites Internet) ;
- du papier ou des copies de la liste d'achats personnalisée (voir p. 28) et un crayon.

1. Le menu cyclique

Les gestionnaires de services alimentaires dans les hôpitaux, les garderies et les centres d'accueil ont compris depuis longtemps les avantages d'un cycle de menus tant d'un point de vue économique que d'un point de vue pratique. Leur longueur varie de une à six semaines ou plus dans les centres d'hébergement de longue durée.

Comment faire ? Il s'agit de prévoir deux, trois ou quatre semaines de menus qu'on pourra conserver dans une pochette de plastique et réutiliser en alternance toute la saison ou toute l'année. Le cycle sera suffisamment long pour offrir une certaine variété. Pour simplifier ses achats, on peut noter chaque semaine de menus directement sur la liste d'achats personnalisée.

Pour qui ? Ceux qui ont un horaire régulier et qui fonctionnent mieux lorsque tout est réglé au quart de tour.

2. Le menu de la semaine

Comment faire ? Une fois par semaine, durant le week-end par exemple, on ébauche le menu des jours à venir sur une feuille ou directement sur la liste d'achats personnalisée. Il peut s'agir des repas principaux pour trois jours ou du menu entier. À notre convenance. Une fois la semaine terminée, la liste d'achats personnalisée pourra être mise de côté pour une prochaine semaine.

Pour qui ? Ceux dont l'horaire et les goûts fluctuent au rythme des semaines ou ceux qui recherchent une certaine flexibilité. La majorité d'entre nous !

3. Le menu du jour

Comment faire ? La veille (de préférence) ou le jour même, on décide du repas du soir en fonction de ses goûts, du temps disponible et de ce qu'on a sous la main. Un atout : avoir en tout temps un garde-manger bien garni.

Pour qui ? Ceux qui aiment se laisser guider par l'inspiration du moment, ceux qui ont du temps, ceux qui ont un horaire imprévisible ou ceux qui gèrent particulièrement bien leur stress.

> **On a fait notre menu ?**
> On n'oublie pas de noter le nom du livre et la page d'où proviennent les recettes sélectionnées. Si celles-ci se trouvent sur des feuilles séparées, on les rassemble pour les avoir à sa portée le moment venu.

Six stratégies

Que l'on planifie les repas pour un jour ou un mois, les mêmes recommandations s'appliquent.

1. **Prévoir des protéines, un féculent et des légumes à chaque repas.** C'est l'assiette idéale pour des menus équilibrés et soutenants. Comme féculent, on peut opter pour des pommes de terre, des pâtes, du riz ou simplement du pain. Les légumes peuvent prendre la forme de crudités, de salade, de jus de tomate, d'une soupe ou de légumes chauds dans l'assiette (consulter la section Qu'est-ce qu'un bon repas ?, p. 38).

2. **Privilégier les « tout-en-un ».** Ils combinent le féculent (riz, pâtes ou pommes de terre), les légumes et les protéines (viande, œufs ou légumineuses), en nous assurant des repas complets et des économies de temps et de vaisselle. Plusieurs se préparent à l'avance. Des exemples : poulet aux légumes rôtis à la mexicaine (p. 121), frittata au brocoli (p. 161), pois chiches à l'indienne (p. 156) et chili aux haricots rouges (p. 125).

3. **Varier les couleurs, les saveurs et les textures.** Un filet de poisson poché servi avec une sauce blanche et une purée de pommes de terre et assorti d'un blanc-manger, ça vous plairait ? Ou le même filet de poisson nappé d'une sauce tomate, oignons et olives noires (poisson catalan, p. 136) et accompagné d'une salade verte, de brocoli vapeur et d'un croustillant aux pêches ? Vous l'avez deviné, voir, goûter, sentir, toucher et entendre font partie du plaisir de manger.

4. **Éviter de servir toujours la même chose.** Il n'y a rien de mal à reprendre nos recettes à succès. Après tout, c'est la répétition qui permet chez l'enfant la familiarisation puis l'acceptation. Toutefois, même le meilleur des spaghettis ou des pâtés chinois perd de son attrait lorsqu'il revient trop souvent dans l'assiette. Pour le plaisir et pour la santé, on gagne à s'assurer que les jours se suivent sans trop se ressembler. Pour s'aider, projeter au moins deux repas sans viande et deux repas de poisson par semaine. Fouiller dans les magazines, les livres de cuisine et les sites Internet à la recherche de nouveautés.

5. **Équilibrer les temps de préparation.** Le plat principal requiert une préparation plus longue ? Prévoyons des légumes surgelés ou un mélange de laitues préparées en accompagnement et, pour dessert, une boîte de pêches ou des fruits frais de saison. Ceux-ci, coupés en morceaux et piqués de cure-dents, partiront comme des petits pains chauds.

6. **Prévoir un peu de répit.** On peut très bien planifier trois soirs de cuisine en semaine. Les deux autres soirs (ceux où sont prévues des activités familiales, par exemple), on opte pour la « trouvaille du congélo », le repas « vide-frigo » ou une sortie au resto (voir ci-dessous). On peut aussi prendre l'habitude, le week-end, de concocter deux plats pour la semaine. On en profite alors pour doubler les recettes à préparer et congeler l'excédent du souper. Enfin, un soir par semaine, pourquoi ne pas confier la responsabilité du repas à un enfant, à tour de rôle, en lui donnant bien sûr carte blanche dans le choix du menu ?

Congé de souper !

Il y a des soirs où, malgré la planification et les meilleures intentions, on n'a pas le goût de manger ce qu'on a fait, on n'est pas disposé à penser à ce qu'on va manger (ou même à penser tout court !) et on n'a pas le goût de cuisiner. Voici quelques options de survie pour ces états d'esprit (passagers, espérons-le)…

Sortir les restes du frigo. On les place froids sur la table. Chacun se compose une assiette à son goût, la couvre d'un essuie-tout et la passe au micro-ondes. On aura tous un repas différent, mais au moins on mangera tous, et ça dégagera le frigo. Pourquoi ne pas profiter du vendredi soir pour procéder à un tel nettoyage du frigo ?

Explorer le congélateur. Lasagnes, pâtés, bouillis, casseroles… autant de repas qui peuvent passer directement du congélateur au four conventionnel ou au micro-ondes, puis à la table. À la condition bien sûr qu'on les ait préparés auparavant ! Il existe également sur le marché d'intéressants produits prêts à servir dont on peut faire provision (consulter le chapitre 4 Choisir ses aliments, p. 44).

Aller au restaurant. Il y a des avantages à manger à l'extérieur : on est tous assis ensemble (un exploit), on se relaxe et on parle ; on choisit ce qu'on a envie de manger et on attend calmement d'être servis en sirotant une boisson ou en grignotant son pain ; et, surtout, on savoure un repas que quelqu'un d'autre a préparé ! Bien sûr, il faut aussi occuper les enfants (surtout lorsqu'ils ont fini de manger), reprendre la voiture et payer plusieurs fois le prix d'un repas maison. Mais, de temps en temps, ça fait du bien !

Faire livrer ou passer chez le traiteur. Cela nous fait moins de vaisselle à laver, pas de souper à préparer, plus de temps pour les devoirs ou les bains ou simplement pour ne rien faire.

Se faire plaisir. On a une envie irrépressible de grilled cheese, de hot-dog, de sandwich au beurre d'arachide ou même de céréales ou de toasts ? Cela ne nous tuera pas. Mieux vaut s'adonner à de tels choix dans le plaisir qu'à un repas nutritivement parfait dans la frustration. Et puis, les céréales, les toasts et même les hot-dogs, ça apporte aussi des nutriments !

LA PLANIFICATION DES ACHATS

Planifier ses achats prend du temps, mais c'est du temps bien dépensé. Quand on ne le fait pas, on achète des aliments superflus, on oublie des ingrédients essentiels, on doit retourner à l'épicerie en semaine ou modifier le menu.

L'inventaire de base

Avec de bonnes réserves à la maison, on n'est jamais pris au dépourvu. En voici un inventaire complet. Il permet de réaliser la plupart des recettes. On peut l'utiliser tel quel ou s'en inspirer pour développer le sien. Puis on en fait une copie et on s'y réfère pour planifier ses achats.

La liste d'achats

Méthode 1

Avoir sous la main :

- les recettes de la semaine ;
- une copie de notre inventaire de base personnalisé ou de l'inventaire de base fourni p. 26-27 ;
- un marqueur.

Chaque semaine, on fait une copie de notre inventaire de base. Elle deviendra notre liste d'achats. On y surligne, au fur et à mesure qu'ils viennent à manquer, les articles à acheter, puis les ingrédients nécessaires à la réalisation des recettes de la semaine en précisant au besoin les quantités à acheter. Avant de partir, on parcourt une dernière fois la liste pour ne rien oublier. Un truc intéressant consiste à regrouper les aliments de l'inventaire de base personnalisé selon son parcours des allées à l'épicerie.

26

Fruits et légumes frais

Fruits

Abricot
Ananas
Banane
Cantaloup
Citron (+ jus)
Lime (+ jus)
Mandarine
Melon
Nectarine
Orange
Pamplemousse
Pêche
Petits fruits (fraises, framboises, bleuets, canneberges)
Poire
Pomme
Prune
Raisins (rouges, verts)

Légumes et herbes fraîches

Ail
Asperge
Aubergine
Avocat
Basilic
Brocoli
Carotte (miniatures, râpées)
Céleri
Champignon
Chou (+ râpé)
Chou-fleur
Choux de Bruxelles
Citronnelle
Concombre
Courge d'hiver
Courgette
Échalote française
Endive
Épinard
Germes
Gingembre
Haricot
Laitue
Légumes préparés
Navet
Oignon (jaune, espagnol, rouge)
Oignon vert
Patate douce
Persil
Poireau
Pois mange-tout
Poivron
Pomme de terre
Radis
Tomate (fraîche, cerise, séchée)

Pain et boulangerie

Bagels
Baguette
Croûte à pizza
Muffins
Muffins anglais
Pain tranché
Pains (hot-dog, hamburger)
Paninis
Pitas
Tortillas

Viandes et poissons (frais, surgelés)

Bacon
Bœuf (haché, rôti, bifteck, cubes)
Charcuterie
Dindon (haché, entier, cubes)
Jambon
Poisson (sole, aiglefin, saumon, truite)
Porc (haché, rôti, côtelettes, cubes)
Poulet (haché, entier, poitrine, pilon, cubes)
Saucisse

Produits végétariens (réfrigérés)

Dessert au soya
Hoummos
Repas préparé
Saucisse de soya et autres charcuteries
Soupe
Tofu
Tourtière (millet, seitan)
Végé-pâté

Ingrédients divers

Bicarbonate de soude
Bouillon (bœuf, poulet, légumes)
Cacao en poudre
Chapelure (pain, graham)
Chocolat à cuire
Farine (blanche, blé entier, à pâtisserie)
Fécule de maïs
Fruits secs (raisins, pruneaux, dattes, abricots, canneberges)
Gélatine sans saveur
Graines (sésame, pavot, tournesol)
Lait évaporé
Légumineuses sèches (pois chiches, haricots blancs, lentilles)
Mélange (muffins, crêpes, pâte à tarte)
Mélasse
Miel
Noix (Grenoble, amandes, arachides, pignons)
Poudre à pâte
Sirop (érable, maïs)
Sucre (granulé, brun, à glacer)
Vanille
Vin (blanc, rouge)

Céréales

Anneaux
Céréales chaudes (flocons d'avoine, crème de blé, son d'avoine)
Filamentées
Flocons
Granola
Riz croquant
Son

Pâtes et grains

Boulghour
Couscous
Fettucines
Lasagnes
Macaronis
Maïs à souffler
Orge
Riz (blanc, brun)
Spaghettis
Tapioca

Condiments et assaisonnements

Herbes séchées et épices : aneth, basilic, cannelle, cardamome, cayenne, cerfeuil, chili en poudre, clou de girofle, coriandre, cumin, curcuma, cari, estragon, gingembre, laurier, menthe, muscade, origan, paprika, persil, piments broyés, poivre, poudre d'ail, poudre et flocons d'oignon, poudre de moutarde, romarin, sauge, sel, thym, zeste d'agrume

Beurre d'arachide
Câpres
Confiture
Huile (olive, canola, arachide)
Ketchup
Marinades (cornichons, betteraves, oignons, olives)
Mayonnaise
Moutarde (jaune, Dijon)
Pesto
Relish
Salsa
Sauce (soya, Worcestershire, Tabasco, chili)
Sauce à salade
Vinaigre (blanc, vin, cidre, balsamique, riz)
Vinaigrette

Craquelins et biscuits

Barres tendres
Biscottes (+ biscuits soda)
Biscuits (figues, dattes)
Biscuits secs
Cornets
Craquelins
Croûtons
Graham

Conserves

Fruits
Ananas
Compote
Mandarines
Pêches
Poires
Salade de fruits

Légumes
Carottes
Champignons
Cœurs d'artichauts
Haricots
Macédoine
Maïs (grains, crème)
Pois
Tomates (entières, dés, broyées, pâte, sauce)

Poissons
Anchois
Crevettes
Huîtres (+ fumées)
Moules (+ fumées)
Salade de thon
Sardines
Saumon
Thon

Soupes
Aux lentilles
Aux pois
Bouillon condensé (poulet, bœuf, légumes)
Crème condensée (céleri, poulet, champignon, tomate)
Minestrone

Légumineuses
Chili
Fèves en sauce tomate
Haricots
Lentilles
Pois chiches
Salade de légumineuses

Jus et boissons

Boisson de soya
Café (instantané, moulu)
Eau (source, gazéifiée)
Jus de fruits (pomme, orange, raisin)
Jus de légumes (tomate, carotte, légumes)
Thé
Tisane

Produits laitiers et œufs

Babeurre
Beurre ou margarine
Brick
Cheddar (râpé, tranches, ficelles)
Chèvre
Cottage
Crème (10 %, 15 %, 35 %, aérosol)
Crème sure
Feta
Fromage à la crème
Gouda
Lait (écrémé, 1 %, 2 %, 3,25 %)
Mozzarella (râpée, tranches, ficelles)
Œufs
Parmesan
Ricotta
Yogourt

Produits surgelés

Crème glacée
Crêpes
Fruits (fraises, framboises, bleuets, canneberges, mélange)
Gaufres
Jus concentré
Légumes (maïs, pois, brocoli, épinards, mélange)
Poisson
Repas préparés
Sucettes glacées

Papiers et nettoyants

Détergents (vaisselle, cuisine)
Eau de Javel
Essuie-tout
Papiers (parchemin, ciré, aluminium)
Pellicule plastique
Sacs à congélation
Sacs à ordures
Sacs à sandwich
Serviettes de table

Méthode 2

Avoir sous la main :

- les recettes de la semaine ;

- une copie de la liste d'achats personnalisée ci-dessous ;
- un crayon.

On passe en revue les ingrédients des recettes de la semaine. On note, dans les sections appropriées, ce qui manque et qu'on doit acheter en précisant les quantités nécessaires.

LISTE D'ACHATS PERSONNALISÉE

Nom des recettes

Lundi : _____

Mardi : _____

Mercredi : _____

Jeudi : _____

Vendredi : _____

Samedi : _____

Dimanche : _____

Achats à faire

Fruits et légumes

Produits laitiers

Produits céréaliers

Surgelés

Viandes

Non périssables

LES ACHATS

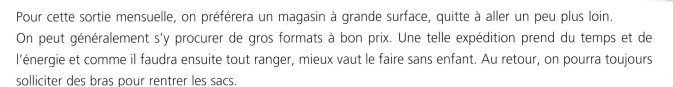

Une fois par mois: les produits de base

Il s'agit de faire provision d'aliments non périssables et de produits non comestibles (conserves, denrées sèches, produits nettoyants et de papier) pour le mois. On peut aussi acheter le pain et le lait et les congeler.

Pour cette sortie mensuelle, on préférera un magasin à grande surface, quitte à aller un peu plus loin. On peut généralement s'y procurer de gros formats à bon prix. Une telle expédition prend du temps et de l'énergie et comme il faudra ensuite tout ranger, mieux vaut le faire sans enfant. Au retour, on pourra toujours solliciter des bras pour rentrer les sacs.

En achetant de gros formats d'aliments non périssables, on économise, on risque moins de manquer de farine ou de sucre au beau milieu d'une recette, et on écourte les visites hebdomadaires à l'épicerie.

Une fois par semaine : les produits périssables

On se procure le lait, le pain, les viandes, les fruits et légumes frais, de même que les ingrédients spéciaux des recettes prévues pour la semaine. Comme on a déjà acheté les produits de base, cette visite est relativement courte et peut être l'occasion d'emmener (si on veut) les enfants.

Pour les achats hebdomadaires, plus fréquents, mieux vaut adopter une épicerie près de chez soi, celle dans laquelle on se sent le mieux. Avec le temps, on s'habitue à la disposition des produits, ce qui permet de sortir des lieux plus rapidement et à moindre coût (c'est prouvé, plus on reste longtemps à l'épicerie, plus on achète !). Il peut être tentant de courir d'un magasin à l'autre à la recherche des meilleurs achats. Mais lorsqu'on considère le surplus de temps et d'essence requis, on peut se demander si c'est vraiment avantageux.

En semaine : le dépannage

Lorsque c'est nécessaire, on procède à une visite éclair au supermarché ou au dépanneur du coin pour se ravitailler en lait ou en pain.

LA PRÉPARATION DES REPAS

Cuisiner fait toute la différence. Peu de repas industriels rivalisent avec ceux que l'on fait soi-même aux points de vue du goût, de la qualité nutritive et du prix. Peu apportent autant de satisfaction à manger sur les plans physique, affectif ou émotionnel. Malheureusement, mis à part le facteur temps, tout le monde n'a pas le même intérêt ni la même habileté pour cuisiner. Pour certains, faire le souper est une vraie corvée. Alors que pour d'autres, c'est une activité éminemment satisfaisante. Or, ne devrait-il pas toujours en être ainsi lorsque la tâche revient jour après jour ? La meilleure façon d'aborder la préparation des repas est de le faire avec une attitude positive et la volonté de se doter des moyens de vivre ce moment le plus agréablement possible. En voici quelques-uns.

Trouver sa motivation. Mitonner des petits plats savoureux peut s'avérer une source de valorisation, de fierté et d'amour à partager. Ce peut être aussi un passe-temps relaxant à exercer seul ou en couple. Consacrer de son précieux temps à nourrir sa famille est une façon extraordinaire de lui montrer qu'elle compte à nos yeux et d'être pour elle un modèle : en voyant papa ou maman prendre plaisir à cuisiner, notre enfant développera son intérêt pour les aliments et ses habiletés à les apprêter.

Se fixer un objectif réaliste. Si l'on parvient à réaliser une recette de plus par semaine, ce sera déjà bien. Petit à petit, fort de notre réussite, on pourra relever le défi de consacrer plus de temps encore à la cuisine, le soir ou la fin de semaine.

Commencer par des recettes simples. Il n'y a rien de mal à commencer par les plats qui nous sont le plus familiers ou le plus attrayants, que ce soit le macaroni au fromage, le pâté chinois ou le pain de viande. Après tout, ça n'a pas besoin d'être compliqué pour être bon !

Perfectionner ses techniques. On prend toujours plus de plaisir à pratiquer une activité dans laquelle on est habile. La cuisine ne fait pas exception. On peut devenir meilleur en regardant des émissions de cuisine à la télévision, en prêtant attention aux techniques illustrées dans les livres de recettes ou en suivant un cours de cuisine d'une école reconnue. Certaines boutiques d'articles de cuisine, chaînes d'alimentation et rayons culinaires de grands magasins proposent aussi des cours pour petits et grands.

Se donner des idées. Feuilleter les sections cuisine des magazines, fureter sur Internet ou se procurer un livre de recettes invitant sont autant de façons de nourrir son inspiration et son appétit.

Se ménager dans la journée. Prend-on le temps de déjeuner puis d'avaler un lunch décent et une collation soutenante en après-midi ? Sait-on s'accorder quelques moments de répit ? On ne peut pas donner à ses enfants et à sa famille si on ne commence pas par soi-même. En se ménageant un peu, on aura plus d'énergie pour finir notre journée et on enseignera à nos enfants que nous aussi, nous avons des besoins.

Cuisine 101

Chacun a ses petits trucs pour gagner en efficacité dans la cuisine. Voici les nôtres. Peut-être en retiendrez-vous quelques-uns.

La veille (de préférence) ou le matin, lire la recette. S'assurer d'avoir tout ce qu'il faut. Sortir les ingrédients non périssables et les ustensiles de cuisson et les réunir sur le comptoir. Puis mettre les viandes ou autres ingrédients congelés au frigo pour les décongeler.

Doubler la recette à réaliser. Qu'il s'agisse d'une soupe, d'une casserole, d'un gâteau, de muffins ou d'un autre mets, on cuisine une fois pour en profiter deux fois ! Il suffit de congeler le surplus pour une prochaine occasion.

Cuisiner en deux étapes. Lorsque le temps manque pour exécuter une recette en entier, couper d'abord les ingrédients, les mesurer, les mélanger peut-être, puis les couvrir et les réfrigérer. Au moment opportun, cuire la recette.

Cuisiner en bonne compagnie. Pour l'efficacité (on se répartit les tâches et les recettes préparées) mais aussi pour le plaisir de partager de bons moments avec une collègue, un ami ou un parent.

Faire provision de viande hachée crue. Un incontournable pour les sautés, sauces à spaghettis, chilis, casseroles, soupes, pains de viande, boulettes, alouette ! Diviser la quantité achetée en portions d'un demi-kilo, puis mettre celles-ci dans des sacs à congélation, les aplatir et les congeler. La viande prendra ainsi moins d'espace dans le congélateur et elle décongèlera plus vite.

Précuire des boulettes. Faire d'abord griller les boulettes (pour s'aider à les façonner, utiliser une cuillère à crème glacée) sur une plaque à pâtisserie au four préchauffé à 180 °C (350 °F). Les étendre ensuite sur du papier ciré, les congeler puis les emballer dans des sacs à congélation.

Précouper la viande. Acheter plusieurs kilos de viande ou de volaille en promotion, les couper en lanières ou en cubes selon les plats à préparer, puis congeler la quantité prévue dans la recette dans des sacs à congélation étiquetés. Il suffira de décongeler pour ajouter directement au poêlon.

Faire mariner les poitrines de poulet à l'avance. Puis les étendre sur une tôle pour les congeler séparément. Transférer ensuite dans des sacs à congélation.

Préférer le dindon au poulet. On le cuit une fois et on obtient de quoi préparer plusieurs repas (soupes, sandwichs, salades, pâtés, casseroles, riz frits, frittatas et autres). Il suffit de congeler la volaille cuite dans des sacs à congélation en portions suffisantes pour un repas ou une recette.

Cuire une grande quantité de riz. Le diviser ensuite et le mettre dans des contenants en plastique et congeler. Au moment d'utiliser, décongeler au micro-ondes (en ajoutant d'abord une ou deux cuillerées à soupe d'eau) ou directement dans des chaudronnées de soupe, de sauce ou de viande.

Maximiser le robot culinaire. Il faut le sortir ? Profitons-en pour couper ou râper un fromage un peu durci, un reste de jambon ou de poulet cuit, des carottes, du céleri, des oignons et d'autres ingrédients pour la cuisson. Les congeler ensuite dans de petits sacs ou contenants de plastique hermétiques pour un usage ultérieur.

Nettoyer au fur et à mesure. On garde un bol d'eau chaude savonneuse à portée de la main et on profite d'une accalmie pour laver la vaisselle sale.

Penser à ce que les enfants peuvent faire. Laver des légumes, assembler une recette simple, mettre la table… (voir ci-contre).

Se faire livrer des mets cuisinés maison. Plusieurs traiteurs livrent à domicile des plats frais ou congelés en portions pour deux, quatre, six ou huit personnes. C'est moins cher qu'au restaurant et c'est quelqu'un d'autre qui l'a apprêté !

De l'« aide » dans la cuisine !

Cuisiner avec son enfant est une bonne façon de lui accorder de l'attention et de s'assurer de pouvoir compter sur une aide réelle… dans quelques années. Cela augmente aussi les chances qu'il mange au repas (même si rien n'est garanti). De plus, notre petit grandira en se sentant à l'aise dans une cuisine.

Dès l'âge de six ou sept ans, un enfant peut apporter sa contribution et en tirer une grande fierté. Voici quelques suggestions de ce qu'il peut faire :

- ouvrir une boîte de conserve ou un emballage et en verser le contenu dans un bol ;
- faire tourner l'essoreuse à salade ;
- pousser les boutons du mélangeur ;
- mesurer un liquide dans une tasse ;
- mélanger des ingrédients avec une cuillère ;
- laver les fruits et les légumes fermes (céleri, carottes, pommes de terre, pommes) et les couper avec un petit couteau en plastique ;
- déchiqueter la laitue ;
- disposer le pain dans un panier ;
- mettre la nappe et les couverts ;
- apprendre à préparer sa boîte à lunch du lendemain (on trouve des recettes et des astuces dans notre premier livre *Boîte à lunch emballante*).

3. S'alimenter selon ses besoins

Mangeons-nous assez, trop ou trop peu ? Que devraient comprendre un repas et une collation, et en quelles quantités ? Le gras et le sel : pouvons-nous et devons-nous en mettre ou pas ? Des réponses à nos questions.

COMBIEN DE PORTIONS ?

Qu'est-ce que c'est, une portion ?

Une portion, c'est la part d'un aliment qui fournit une quantité donnée d'éléments nutritifs. Dans un même groupe alimentaire, les différentes portions s'équivalent. Cela signifie que chacune apporte approximativement les mêmes nutriments et qu'on peut les interchanger dans son alimentation.

	De 1 à 3 ans*	De 3 à 5 ans*	De 6 à 8 ans	8 ans et +
Pâtes, riz et pommes de terre cuits	15 à 45 ml	45 à 75 ml	75 à 125 ml	125 ml
Pain	1/4 tranche	1/2 tranche	1 tranche	1 tranche
Fruits	15 à 45 ml	45 à 75 ml	75 à 125 ml	125 ml
Légumes	15 à 45 ml	45 à 75 ml	75 à 125 ml	125 ml
Lait	60 à 80 ml	80 à 125 ml	125 à 160 ml	250 ml
Viande, volaille et poisson cuits	15 à 45 ml	30 g	30 à 60 g	60 g
Légumineuses cuites	15 à 45 ml	45 à 75 ml	75 à 125 ml	125 ml
Œuf	1/4	1/2	3/4	1

* Au cours des années préscolaires, on calcule environ une cuillerée à soupe (15 ml) d'un aliment donné par année d'âge.

On peut recourir à ces quantités comme portions de départ à mettre dans l'assiette de l'enfant. Il est toujours préférable de servir de petites portions et de laisser notre enfant en redemander. Une assiette pleine peut le décourager et le faire renoncer avant même la première bouchée. Il est fort probable qu'il mangera plus que le minimum du tableau.

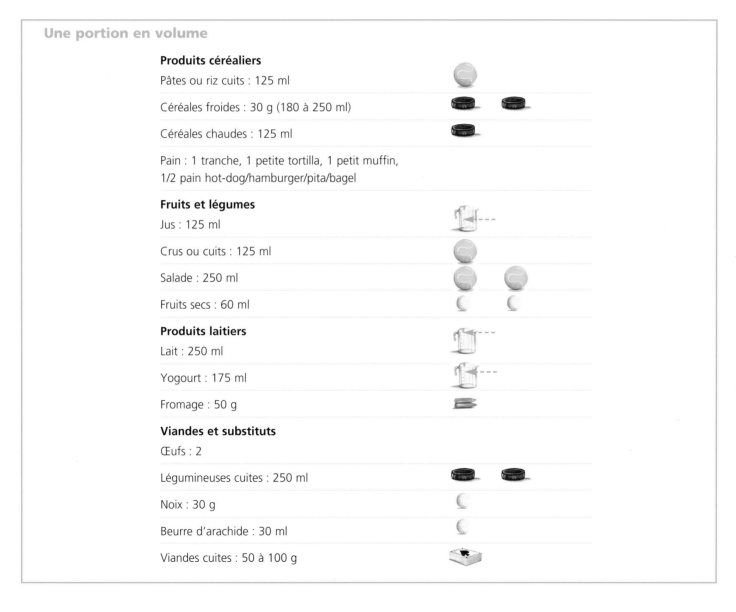

Une portion en volume

Produits céréaliers

Pâtes ou riz cuits : 125 ml

Céréales froides : 30 g (180 à 250 ml)

Céréales chaudes : 125 ml

Pain : 1 tranche, 1 petite tortilla, 1 petit muffin, 1/2 pain hot-dog/hamburger/pita/bagel

Fruits et légumes

Jus : 125 ml

Crus ou cuits : 125 ml

Salade : 250 ml

Fruits secs : 60 ml

Produits laitiers

Lait : 250 ml

Yogourt : 175 ml

Fromage : 50 g

Viandes et substituts

Œufs : 2

Légumineuses cuites : 250 ml

Noix : 30 g

Beurre d'arachide : 30 ml

Viandes cuites : 50 à 100 g

Combien faut-il en prendre?

La plupart des gens comblent leurs besoins en nutriments et en énergie en ingérant chaque jour un nombre de portions de chaque groupe se situant dans les intervalles suivants.

Produits céréaliers :	5 à 12 portions par jour
Fruits et légumes :	5 à 10 portions par jour
Produits laitiers :	2 à 4 portions par jour
Viandes et substituts :	2 à 3 portions par jour

Peut-on se limiter au minimum de portions?

Les plus petits nombres représentent généralement les quantités minimales d'aliments requis pour combler ses besoins nutritionnels quotidiens, alors que les portions supplémentaires permettent de satisfaire l'appétit ou les besoins en énergie (ou calories). L'important à retenir, c'est qu'après avoir consommé les nombres minimums de portions indiqués, on aura ce qu'il faut sur le plan nutritif (c'est le point auquel on peut arrêter de s'en faire !). Mais on aura probablement encore faim. On ira donc chercher des calories additionnelles en mangeant plus d'un groupe d'aliments (certains enfants se bourreront de pain) ou d'autres aliments moins nutritifs (dont le beurre, la vinaigrette, l'huile, les pâtisseries ou les friandises).

Si on ne prend pas ces portions?

Lorsqu'on retranche fréquemment des portions d'un même groupe d'aliments, la croissance et la santé peuvent en souffrir. Dans les faits, il y aura des jours où l'on mangera moins de certains groupes d'aliments, et d'autres jours où l'on en absorbera plus. C'est acceptable dans la mesure où l'apport moyen sur une période de deux ou trois semaines se situe à l'intérieur de l'intervalle de portions suggéré pour chacun des groupes. Un truc pour s'aider : après le souper, faire le bilan des portions consommées dans la journée pour inclure au menu du len-demain ce qui manque.

Qu'arrive-t-il si l'on surconsomme d'un aliment donné?

Cela survient couramment chez l'enfant, en particulier pour le lait ou les produits céréaliers (surtout le pain), mais ce n'est pas dramatique pour autant que la consommation moyenne pour les autres groupes d'aliments atteigne le minimum. Par contre, si un enfant surconsomme certains groupes au détriment d'autres (ce qui peut arriver, par exemple, s'il boit beaucoup de lait ou de jus et n'a plus suffisamment faim pour bien manger aux repas), il faudra alors (et seulement alors) imposer des limites, car aucun groupe ne peut se substituer à un autre.

N'est-il pas difficile d'avaler autant de portions?

C'est plus facile qu'on ne le pense. La raison est simple : ces portions sont généralement beaucoup plus petites que nos portions réelles. Par exemple, un sandwich club comprend trois portions de produits céréaliers, et une assiettée de spaghettis, facilement quatre ! Un grand verre de jus d'orange le matin, c'est déjà deux portions de fruits. Qui se limite à une tasse de salade ? Au restaurant, un bifteck de 300 g, cuit, fournit suffisamment de viande pour deux jours…

Quelle quantité nous convient?

Cette quantité dépend de plusieurs facteurs comme la taille, le poids, le sexe, le degré d'activité physique et l'efficacité du corps à brûler les calories. Il est donc inutile de se baser sur l'apparence ou même le poids pour établir combien un petit doit ingurgiter. C'est pourtant ce qu'on a fait dans les années trente. Les statistiques sur les enfants de tous âges (et sur les adultes) montrent qu'une personne peut manger le double d'une autre qui a le même physique et fait le même exercice.

Pour compliquer le tableau, les exigences du corps varient non seulement d'une personne à l'autre mais aussi chez la personne au fil des mois, des semaines et même des jours ou des repas. Un enfant peut se gaver un jour et jeûner le lendemain. Pas facile alors de savoir combien il va manger à son prochain repas ! Mais comme il vous a été démontré au premier chapitre, il n'est pas nécessaire de le savoir. Son corps (et le nôtre aussi) le sait. Notre deuxième ouvrage *À table, les enfants!* abordait ce sujet de façon détaillée.

La « marge d'erreur »

Il existe un écart entre les calories suffisantes pour couvrir nos besoins en nutriments et les calories totales nécessaires pour satisfaire nos besoins en énergie. Ordinairement, entre la moitié et les deux tiers des calories requises servent à répondre aux exigences du corps en éléments nutritifs. Le reste (entre le tiers et la moitié) apporte le surplus de carburant nécessaire. Par conséquent, il n'est pas nécessaire que *tous* les aliments que nous prenons soient nutritifs pour que l'ensemble de notre alimentation soit nutritivement adéquate. Il peut rester de la place pour des choix moins exemplaires, comme les friandises et les boissons gazeuses. Alors si de temps en temps notre enfant réclame une friandise plutôt qu'un fruit, rassurons-nous : il aura probablement quand même tout ce qu'il doit ingérer dans sa journée.

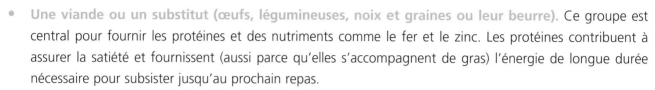

QU'EST-CE QU'UN BON REPAS ?

Un repas devrait fournir...

Dans l'assiette :

38

- **Une viande ou un substitut (œufs, légumineuses, noix et graines ou leur beurre).** Ce groupe est central pour fournir les protéines et des nutriments comme le fer et le zinc. Les protéines contribuent à assurer la satiété et fournissent (aussi parce qu'elles s'accompagnent de gras) l'énergie de longue durée nécessaire pour subsister jusqu'au prochain repas.

- **Un féculent (pomme de terre, nouilles, spaghettis, riz, boulghour ou autres).** En plus d'être nutritif, il aide à satisfaire l'appétit. À noter : manger uniquement des grains entiers n'est pas nécessaire ni même souhaitable pour les enfants. Les fibres et d'autres composés des grains entiers peuvent interférer avec le fer et le zinc et nuire à leur absorption. Visons trois portions de grains entiers par jour. C'est déjà plus que ce que la plupart d'entre nous consommons.

- **Deux légumes ou fruits.** En présentant deux légumes ou fruits à chaque repas, on augmente les chances que l'enfant en mange au moins un ! Il peut s'agir d'un fruit (des pêches en boîte) et d'un légume (du maïs), de deux légumes (une salade et de la sauce tomate dans la lasagne) ou de deux fruits (une grosse salade de fruits). Les jus, les soupes et les desserts aux fruits comptent aussi. Ne pas hésiter à recourir aux produits en conserve ou surgelés pour réduire le temps de préparation, et à les garnir d'un peu de beurre ou de sauce pour les rendre davantage appétissants et satisfaisants.

Des exemples :

- hamburger avec crudités et jus de tomate ;
- rôti de bœuf, purée de pommes de terre et haricots verts avec salade de chou ;
- sauté de poulet avec légumes et riz ;
- lasagne à la viande avec salade ;
- sandwich au poulet chaud avec petits pois et carottes.

Sur la table :

- **Du pain et du beurre.** Le pain de grains entiers ou blanc est un bon « agent de remplissage » et une denrée nourrissante vers laquelle se tourne d'habitude l'enfant lorsque rien d'autre au menu ne lui plaît. Quant au beurre (ou à la margarine), une source concentrée d'énergie, il l'aide à répondre à la forte demande de son corps en calories et prolonge l'effet de satiété du repas (se référer à La question du gras et du sel, p.42).

- **Du lait.** C'est la boisson « officielle » des repas. Notre enfant devrait en boire 500 ml par jour. Le lait procure des quantités appréciables de protéines dans l'alimentation d'un enfant et il est la source première de calcium et de vitamine D chez petits et grands. Évidemment, notre petit futé sera plus enclin à boire son lait si on fait de même. Si on ne le peut vraiment pas, mieux vaut prendre de l'eau plutôt que du jus ou des boissons gazeuses. Surtout, on ne le force pas à boire son lait : on rend celui-ci disponible et on attend. On peut y ajouter des arômes à l'occasion, mais attention à notre attitude : si on en fait trop, l'enfant le sentira. Il décodera que ce doit être capital pour nous qu'il ingurgite son lait si on se donne tant de mal…

Pour les plus petits?

La plupart des enfants sont prêts à passer à la table familiale avant l'âge de un an. Le même menu convient à toute la famille, mais on modifiera au besoin la forme, la texture ou la consistance de certains aliments pour aider notre petit à mieux les maîtriser. On pourra par exemple :

- préparer des soupes suffisamment claires pour être bues ou juste assez épaisses pour permettre l'utilisation d'une cuillère ;
- tailler les aliments en bouchées ;
- couper finement la viande ;
- préférer les galettes de viande hachée aux côtelettes et aux biftecks ;
- préparer des aliments mous et humides ;
- servir un plat à la température ambiante ;
- offrir la salade sans vinaigrette ;
- utiliser une petite cuillère, une petite fourchette et de la vaisselle incassable.

LES COLLATIONS

La majorité des enfants ne peuvent passer d'un repas à l'autre sans une collation. Comme leurs besoins sont grands et leur estomac petit, ils sont simplement incapables d'absorber suffisamment en un seul repas pour tenir bon jusqu'au suivant. Le fait de consommer souvent de petites quantités à la fois (toutes les deux ou trois heures environ) leur procure un apport continu d'énergie. Cela leur permet aussi d'aller chercher plus aisément la somme d'aliments essentielle chaque jour. Évidemment, il ne s'agit pas de les gaver de biscuits ou de crème glacée sur demande ! La collation, tout comme le repas, doit être planifiée.

Le contenu

Une pomme ou quelques carottes miniatures ne suffisent ordinairement pas, surtout si notre enfant a vraiment faim ou s'il doit patienter deux ou trois heures avant le souper (ce qui est généralement le cas). Pour être rassasiante, soutenante et nourrissante, une collation doit comprendre des glucides (fruit, jus, pain, muffin ou céréales) et des protéines (fromage, lait, yogourt, noix ou autres). Les premiers, vite digérés et absorbés, libèrent leur énergie en quelques minutes. Ils apaisent la faim et revigorent en un instant. Les seconds prennent la relève jusqu'au repas suivant en relâchant leur glucose-carburant dans le sang de façon lente et graduelle.

Des exemples :

- morceaux de fruits avec fromage ou yogourt ;
- fruits secs avec noix ou graines ;
- blanc-manger avec biscuit ;
- pain ou craquelins avec beurre d'arachide ou verre de lait ;
- céréales sèches ou biscuits avec lait.

L'heure

Les collations devraient être raisonnablement distantes des heures de repas. Au moment du dîner et du souper, l'enfant devrait avoir assez faim pour être motivé à manger et à accepter la nouveauté. Si la collation est trop copieuse et lui coupe l'appétit l'heure venue, il serait indiqué de la lui présenter plus tôt. De cette façon, il s'empiffrera moins (parce qu'il aura moins faim) et il aura davantage d'appétit au repas suivant. Si l'intervalle entre le dîner et le souper est particulièrement long, l'enfant pourra prendre deux collations. La première, plus substantielle, le satisfera pour deux ou trois heures. Plus tard, un petit en-cas (un verre de jus, quelques crudités, un morceau de fruit ou deux ou trois craquelins) le calmera jusqu'au souper.

L'endroit

On ne devrait pas permettre à l'enfant de courir ou de se promener partout dans la maison avec des aliments. Tout comme pour les repas, c'est assis confortablement à la table qu'il pourra le mieux recharger sa batterie avant de repartir de plus belle. Rien n'interdit toutefois de s'offrir à l'occasion une soirée cinéma avec du maïs soufflé ou un verre de jus au cours d'une partie de scrabble en famille.

TROP DE LIQUIDE ?

Un enfant qui ingurgite beaucoup de liquide, aussi nutritif ce dernier soit-il, ne mangera pas aussi bien aux repas. Il lui sera plus difficile de combler ses besoins. La raison en est simple : en prenant une grande place dans l'estomac, le liquide coupe l'appétit pour les aliments solides, qui sont plus denses en calories et en nutriments. Voici quelques stratégies pour s'assurer que notre enfant boive suffisamment mais pas trop.

Le lait

Notre enfant en prend plus que 500 ml par jour ? Vérifions alors s'il mange assez d'aliments des autres groupes : produits céréaliers, fruits et légumes, viandes et substituts (se référer au tableau, p.34). Le cas échéant, il faudra limiter sa consommation quotidienne de lait.

Le jus

Les enfants aiment généralement le jus et ils en avaleraient à volonté si on les laissait faire. L'American Academy of Pediatrics recommande d'en limiter la consommation à un verre (125 à 175 ml) par jour chez les enfants de un à six ans et à deux verres (250 à 375 ml) chez les enfants âgés de sept à dix-huit ans. Un bon truc pour y parvenir : on réserve le jus pour le déjeuner ou la collation et on offre du lait au dîner et au souper.

Les boissons gazeuses

Ce sont les boissons les plus populaires au Canada (bien avant le lait et les jus), avec une triste moyenne d'une canette (avec ses 150 calories et 10 cuillerées à thé de sucre) par jour ! Ce bonbon liquide coupe l'appétit pour les aliments sains et s'accompagne d'une bonne dose d'additifs.

Notre enfant a soif ?

On lui offre de l'eau. C'est la boisson hydratante et désaltérante par excellence. Quant au lait et au jus, ils devraient être considérés comme des aliments et consommés aux repas et aux collations. Trop d'enfants absorbent des litres de jus ou de boissons gazeuses alors qu'ils ont simplement soif.

LA QUESTION DU GRAS ET DU SEL

Cuisiner sans sel ni matière grasse augmente la difficulté à aimer les aliments. Le gras est même nécessaire. Il procure des acides gras essentiels et favorise l'absorption des vitamines liposolubles. De plus, comme les enfants ont de grands besoins énergétiques mais un petit estomac, cette source d'énergie concentrée les aide à trouver toutes les calories indispensables pour grandir. Si leur alimentation en contient trop peu, ils peuvent être incapables d'ingérer un volume suffisant de nourriture. Enfin, comme le gras retarde le vidage de l'estomac et libère son énergie sur une longue période de temps, il permet à l'enfant de sentir moins vite la faim et la fatigue.

S'il n'est pas souhaitable de trop restreindre le sel et les matières grasses, il n'est pas conseillé non plus de jeter la salière dans la soupe ou la livre de beurre dans le poêlon ! On utilisera seulement la quantité nécessaire pour rehausser le goût des aliments. Les enfants sont naturellement très centrés sur leurs sensations internes de faim et de satiété et savent (souvent mieux que nous) s'arrêter quand ils n'ont plus faim. À moins que le beurre, la margarine, la vinaigrette ou tout autre aliment gras ou salé ne devienne un fruit défendu (les enfants trouvent alors ces aliments plus attirants précisément parce qu'ils sont interdits), s'ils en consomment beaucoup (en beurrant généreusement leur pain par exemple), c'est simplement parce que leur petit corps le réclame.

Quelques conseils

- Ajouter le sel modérément à la cuisson (l'équivalent de 1 ml par tasse d'aliment).

- Utiliser des légumes en conserve si on les aime.

- Employer du bacon ou des aliments très salés à l'occasion seulement.

- Prévoir une légère quantité de gras à la cuisson (environ 5 à 10 ml par portion d'aliment).

- Privilégier les gras monoinsaturés (huiles d'olive, de canola ou d'arachide) et les margarines non hydro-génées, ou prendre du beurre si on en utilise peu.

- Restreindre les aliments frits, les croustilles et les pâtisseries. Si notre enfant en mange beaucoup, ces sources de gras remplacent peut-être d'autres denrées plus nutritives.

- Éviter les régimes végétariens stricts (sans œufs ni produits laitiers) pour l'enfant. Les aliments végétaux (légumineuses, légumes, fruits, produits céréaliers) sont généralement riches en fibres mais faibles en gras, ce qui les rend moins denses en énergie. Comme ces régimes rassasient avec une consommation moindre d'aliments et de calories, ils peuvent priver l'enfant de nutriments et de combustibles essentiels.

- Préparer le même menu au contenu modéré en gras pour toute la famille. On assurera à papa et à maman de consommer une juste quantité de matières grasses, tout en favorisant chez l'enfant l'adoption de saines habitudes alimentaires pour la vie.

- Prévoir des aliments plus riches au menu de l'enfant, puis (encore et toujours) le laisser décider ce qu'il prendra. En utilisant ses signaux de faim et de satiété, il ingérera davantage de gras quand il aura davantage besoin de calories (parce qu'il sera plus actif ou qu'il grandira beaucoup) et moins quand il en aura moins besoin. Il peut s'agir, par exemple, de lui offrir :

  o   du lait entier aux repas ;
  o   une tranche de fromage sur ses pâtes ou son riz ;
  o   une sauce sur sa viande ou ses légumes ;
  o   du beurre sur le pain, les pommes de terre ou les légumes ;
  o   de la vinaigrette sur la salade ;
  o   de la crème glacée au dessert ;
  o   du beurre d'arachide sur sa toast le matin ;
  o   des noix ou une ficelle de fromage pour la collation.

4. Choisir ses aliments

Moins de gras saturés, de gras trans et de sucre, pas trop de calories, plus de fibres, d'oméga-3, de calcium, d'acide folique… il n'est pas facile de s'y retrouver lorsqu'on veut manger santé ! À l'aide de critères simples, voici quelques conseils simples pour lire les étiquettes et faire rapidement les bons choix.

LES DENRÉES DE BASE

Produits céréaliers

Pains

Idéalement, la farine « entière » devrait occuper la première place dans la liste des ingrédients et être la seule farine utilisée. L'étiquette devrait porter la mention « moulu sur meule », qui indique que le blé a été moulu à la manière ancestrale sur des meules de pierre, conservant ainsi toutes les composantes du grain entier original. À noter : plusieurs pains « 12 céréales », « au son » ou « de seigle » sont avant tout des pains blancs, car la farine blanche (ou farine de blé ou farine enrichie) se situe en première position sur l'étiquette.

Céréales du petit-déjeuner

Ici encore, les mots « blé entier » ou « grain entier » devraient figurer en tête de liste des ingrédients. Pour des céréales peu sucrées, privilégier les variétés dont la teneur en sucre est d'au plus 5 g (l'équivalent d'une cuillerée à thé de sucre) par portion de 30 g. À noter : lorsque les céréales comprennent des fruits, on peut se permettre un peu plus de sucre, car la quantité indiquée inclut le sucre naturel des fruits.

Pâtes alimentaires

À défaut de choisir les versions de blé entier, opter pour les pâtes blanches qui portent la mention « enrichie ». Elles ont été additionnées de fer et de vitamines B (thiamine, riboflavine et acide folique) pour compenser en partie les pertes subies lors du raffinage du grain.

Riz

Le riz brun est au riz ce que le pain de blé entier est au pain : le choix le plus nutritif. Vient ensuite le riz blanc converti (ou étuvé). L'étuvage qu'il a subi a entraîné la migration des éléments nutritifs du son et du germe au cœur du grain avant que ces éléments ne soient éliminés. Le riz converti est donc plus nourrissant que le riz blanc régulier ou le riz instantané, mais il n'a pas la prétention d'égaler le riz brun.

Craquelins

Si le produit compte au plus 1 g de gras saturés et trans et 250 mg de sodium par portion de 30 g, c'est déjà très bien. Pour un produit supérieur, vérifier dans la liste des ingrédients si la farine de blé entier (pas la farine blanche, ni la farine enrichie, ni la farine de blé ou la farine non blanchie) est la seule farine utilisée.

Gâteaux et muffins

Des pâtisseries qui apportent autre chose que du sucre, des mauvais gras et des calories ? Ça existe, mais il faut les chercher ! Elles contiennent au moins 2 g de fibres et pas plus de 2 g de gras saturés et trans par portion.

Biscuits

Sans être des stars nutritionnelles, certains biscuits ont le mérite de renfermer un maximum de 2 g de mauvais gras saturés et trans par portion de 30 à 40 g. D'autres comptent en prime 2 g ou plus de fibres. Une bonne façon de satisfaire sagement un p'tit goût de sucré.

Barres tendres

Les meilleures sont faites de céréales entières, de noix et de fruits, sans trop de sucre ou de mauvais gras ajoutés. Trois données à vérifier pour les reconnaître : au moins 2 g de fibres et au plus 15 g de sucres et 1 g de gras saturés et trans (ensemble) par barre.

Fruits et légumes

Frais, surgelés ou en conserve ?

Il n'y a rien de tel qu'un fruit ou un légume mûri à point, fraîchement cueilli et consommé sur-le-champ ! Mais en pratique, les produits surgelés et en conserve se défendent fort bien.

- **Produits surgelés.** Ils sont blanchis à la vapeur et soumis à la surgélation dans les quelques heures suivant la récolte. Aucun ajout de sel, de colorant, d'agent de conservation ou d'autres additifs. Selon plusieurs études, ils peuvent être plus nutritifs que les produits frais ! Pour bien faire : éviter d'acheter les sacs dont le contenu est pris en pain, utiliser dans les trois mois suivant l'achat et cuire sans dégeler au préalable.

- **Produits en conserve.** Ils sont cueillis à maturité, au moment où ils sont au summum de leur valeur nutritive, puis mis en boîte dans les heures suivant la récolte. Leur valeur nutritive demeure stable pendant un an ou deux et se compare généralement très bien à celle des produits frais ou surgelés. Pour bien faire : réchauffer simplement les légumes dans le liquide de la conserve qu'on a porté à ébullition au préalable.

- **Frais.** Leur qualité se détériore rapidement, alors on les choisit bien frais et on évite les achats impulsifs : on n'achète un produit que lorsqu'on a une bonne idée du moment (dans la semaine !) où on va l'utiliser.

Jus de fruits

Les meilleurs sont faits à 100 % de jus sans ajout de sucre (ou sucrose, glucose ou fructose) ni colorants ou saveurs artificiels. Ne pas confondre avec les punchs, cocktails ou boissons, des produits généralement additionnés de sucre ou dilués avec de l'eau. Côté nutrition, le jus d'orange devance le peloton, suivi des jus de pamplemousse, de prune puis d'ananas. À noter : rien n'égale un jus fraîchement pressé comme le jus d'orange maison ou le jus de pomme non clarifié (de couleur brune) vendu à l'épicerie. Mais les produits reconstitués à partir de concentrés (comme le jus congelé) se défendent fort bien.

Jus et cocktails de légumes

250 ml de ces boissons représentent deux portions de légumes. Et seulement 40 à 60 calories. Leur seul défaut : le sel, à moins d'utiliser les nouvelles versions réduites en sodium. À noter : certains produits comblent 100 % de nos besoins journaliers en vitamine C alors que d'autres en fournissent seulement 5 % environ. Soyons vigilants.

Compotes et fruits en boîte

Que l'on préfère nos fruits en morceaux ou en purée, mieux vaut plonger notre cuillère dans un produit « sans sucre ajouté », « non additionné de sucre » ou « dans du jus ». On trouve maintenant sur le marché autre chose que la bonne vieille compote de pomme !

Produits laitiers

Lait

Tous les types de lait (écrémé, 1 %, 2 %, entier) ont la même valeur nutritive. La différence réside dans le gras. Pour l'enfant jusqu'à l'âge de deux ans, mieux vaut opter pour le lait entier (3,25 %). À cette période de la vie, le gras du lait demeure une source appréciable d'énergie et d'acides gras essentiels (notamment au développement du cerveau) pour le tout-petit dont la croissance est rapide et la capacité de l'estomac limitée. Le lait entier convient bien jusqu'à l'âge de cinq ans. À partir de deux ans, on peut toutefois passer au lait partiellement écrémé (2 % ou 1 %) dans la mesure où

l'enfant aime et boit ce lait, qu'il grandit bien et que son alimentation inclut d'autres sources de gras (huile ou graisses ajoutées à la cuisson, viande, fromage, crème glacée, beurre ou margarine, vinaigrettes ou autres). Quant au lait écrémé, on l'évite jusqu'à l'âge de cinq ans.

Yogourt

L'idéal est qu'il renferme au plus 1,5 % de matières grasses (« % MG » sur l'étiquette), pas d'aspartame (des doutes subsistent quant à l'innocuité de cet édulcorant artificiel) et au moins 18 % de la valeur quotidienne en calcium par portion de 175 g. Ce n'est pas le choix qui manque.

Des yogourts avec « probiotiques » ?

On trouve maintenant sur le marché une toute nouvelle génération de yogourts avec probiotiques. Les probiotiques, mot qui signifie « pour la vie », sont des bactéries vivantes qui, lorsqu'elles sont consommées en quantités suffisantes, exercent des effets bénéfiques sur la santé. Ces bonnes bactéries, en particulier celles du yogourt, peuvent aider à prévenir ou à soulager la diarrhée, la constipation et les ballonnements. Les chercheurs croient qu'elles pourraient aussi stimuler le système immunitaire, prévenir le cancer du côlon et réduire le cholestérol sanguin. Évidemment, tous les probiotiques n'ont pas les mêmes bienfaits. Chaque espèce et même chaque souche offre un bénéfice plus ou moins accentué. Le yogourt Activia de Danone, par exemple, contient la souche Bifidobacterium DN-173 010 (également connue sous le nom de BL™) unique dont l'efficacité a été démontrée en clinique. La consommation quotidienne d'un seul yogourt Activia peut améliorer la motilité intestinale de façon significative, favorisant ainsi la régularité et le bon fonctionnement du système digestif.

Fromage

Du calcium et des protéines sans trop de mauvais gras saturés et de sodium ? C'est possible. Il suffit de préférer les produits à 18 % de matières grasses (« % MG ») ou moins tout en écartant les préparations et les produits de fromage à tartiner ou en tranches, beaucoup plus salés.

Viandes et substituts

Viandes et volailles fraîches

On privilégiera les coupes de viande maigres comme la croupe, le filet, la ronde et la surlonge, et les volailles sans la peau. Mieux vaut aussi opter pour les viandes hachées maigres ou extra-maigres, surtout si on ne prévoit pas égoutter le gras de cuisson avant d'ajouter les autres ingrédients de la recette (dans un pain de viande ou une sauce à spaghettis, par exemple).

Viandes et volailles assaisonnées

Déjà coupées, déjà assaisonnées et parfois déjà cuites, les poitrines de poulet, souvlakis de porc et autres viandes apprêtées sont commodes. Plusieurs marques sont faibles en gras. Mais il y a un prix à payer : une teneur élevée en sodium, car on les baigne généralement dans des solutions d'eau salée assaisonnée (qui leur ajoutent de l'humidité) ou on les enduit de sauces ultra salées. Les choix santé comptent au plus 3 g de gras saturés (ou 9 g de gras totaux) et 500 mg de sodium par portion de 100 g de viande cuite ou de 120 g crue.

Volailles et poissons panés

Attention aux versions enrobées de panure épaisse et frites ! Les meilleurs ont 3 g de gras saturés (ou 9 g de gras totaux) et 500 mg de sodium ou moins par portion de 100 g de chair cuite ou de 120 g crue.

Charcuteries

Elles renferment habituellement plus de gras, de sel et d'additifs et moins de protéines que les viandes fraîches. De préférence, acheter les versions qui affichent 800 mg de sodium et 5 g de gras ou moins par portion de 100 g. Autre conseil : s'en tenir à deux ou trois tranches minces (environ 60 g) pour laisser la place aux tranches de tomate ou de concombre et à la laitue.

Légumineuses et tofu

Ils apportent une bonne dose de protéines et peu de gras saturés. Les légumineuses regorgent aussi de fibres. Le tofu régulier (mou ou ferme), nature ou assaisonné, se tranche bien. Parfait pour les soupes, les plats cuisinés et les sautés de légumes. Préférer les versions faites avec du sulfate de calcium : une portion de 100 g peut fournir autant de calcium que deux verres de lait !

Huiles et graisses

Huiles végétales

Pour leur richesse en bons gras insaturés, les huiles d'olive, de canola et de soya remportent actuellement la palme auprès des experts. On peut utiliser une huile d'olive pour sa saveur dans les vinaigrettes et une huile de canola, au goût plus neutre, pour la cuisson. À noter : les versions pressées à froid sont supérieures sur les plans gustatif et nutritionnel. Mais comme elles supportent mal la chaleur, elles conviennent davantage pour les vinaigrettes et les cuissons légères (comme les sautés) que pour la friture.

Margarines

Les meilleures ne contiennent pas plus de 0,5 g de gras saturés et trans (la somme des deux) par portion de 10 g. Il s'agit généralement de margarines molles non hydrogénées. Un truc : évaluer la composition du produit fini plutôt que celle des huiles utilisées, car le procédé de fabrication de la margarine modifie la qualité des huiles d'origine.

LES ALIMENTS PRÉPARÉS

Repas surgelés

Ces préparations nourrissent rarement autant de personnes que ce qui est indiqué sur l'emballage. Si l'on se réfère à l'information nutritionnelle fournie sur l'étiquette, cela signifie qu'on avale généralement plus de gras saturés et de sodium que ne l'a estimé le fabricant. Ces produits comportent généralement beaucoup de féculents (pâtes, riz ou pommes de terre) et peu de légumes. Mieux vaut les accompagner d'une bonne soupe, d'un jus de légumes, d'une salade ou de crudités si l'on veut un vrai repas. Les meilleurs apportent 5 g de gras saturés (ou 15 g de gras totaux) et 800 mg de sodium ou moins par portion (entre 150 g et 275 g du produit cuit).

Pizzas surgelées

Ici, la perfection n'existe pas. Trop de gras saturés et de sodium… sauf si on se limite à la menue portion souvent suggérée sur l'emballage (qui se contente de 1/6 d'une pizza ?). L'option de choix : se satisfaire d'une modeste portion (1/4 à 1/3 d'une pizza) et combler son appétit en accompagnant cette portion d'une bonne grosse salade ou d'une assiette de crudités. Nos critères santé : un maximum de 5 g de gras saturés (ou 15 g de gras au total) et de 800 mg de sodium par portion de 1/3 d'une pizza de 25 cm ou plus de diamètre.

Sauces à spaghettis

L'inconvénient des versions du commerce : leur forte teneur en sel.
On peut aussi leur reprocher leur apport en gras dans le cas des
variétés à la viande, au fromage et surtout à la crème (de type
Alfredo, crémeuse ou rosée). Les choix les plus sains : 800 mg de
sodium et 2 g de gras saturés ou moins par portion de 250 ml.

Soupes en conserve

Le sel a toujours été le principal défaut des soupes en boîte. La proportion de
matières grasses n'est pas à négliger non plus, surtout pour les soupes
crémeuses (chaudrée de palourdes, crème de champignons, poulet à la king
et autres). Les meilleures soupes comptent au plus 500 mg de sodium et 3 g
de gras par portion de 250 ml.

Desserts glacés

Si on raffole de ces délices, on gagne à adopter les crèmes glacées allégées, les yogourts glacés ou les sorbets,
et à privilégier les versions à 8 g de gras ou moins par portion de 250 ml.

Croustilles et autres goûters salés

Aucune de ces gourmandises n'est vraiment bonne pour nous. Certaines sont simplement moins pires que
d'autres… Ce sont celles qui contiennent un maximum de 200 mg de sodium et de 3 g de gras saturés et trans
(ensemble) par portion de 30 g.

LES BOISSONS

Eaux embouteillées

Les grands buveurs d'eau embouteillée et ceux qui doivent restreindre leur apport en sodium ont intérêt à choisir
un produit portant la mention « sans sodium ». C'est le cas de la majorité des eaux de source.

Eaux gazéifiées aromatisées

Ce sont des eaux pétillantes à l'arôme naturel de citron, de lime ou d'orange, ou additionnées d'un peu de jus
(le pourcentage est alors inscrit sur l'étiquette). Désaltérantes et rafraîchissantes. Préférer celles qui sont sans
sucre ajouté.

Boissons gazeuses

Ce bonbon liquide est assorti d'une dose non négligeable d'additifs tels (dans les colas) la caféine et l'acide phosphorique qui favorise la formation de calculs rénaux. Si on en boit à longueur de journée, les versions caféinées peuvent nuire au sommeil ou élever notre niveau de stress. Les versions diète ? Elles n'ont rien de plus nutritif. Mais elles ont le (seul) mérite d'être sans sucre et pratiquement sans calories.

Spritzers

Ce sont des boissons pétillantes composées de jus de fruits (le pourcentage est généralement indiqué sur l'emballage) et d'eau gazéifiée. Certaines ont l'avantage de ne contenir ni sucre ajouté ni édulcorant artificiel, seulement du jus additionné d'eau pétillante et d'arômes naturels. Aucune commune mesure avec les boissons gazeuses !

Boissons pour sportifs

Elles procurent des sucres-carburant d'absorption rapide et remplacent l'eau et les minéraux (comme le sodium, le potassium et le chlore) perdus dans la sueur. Elles peuvent être utiles pendant un effort prolongé (plus de deux heures) mais ne sont nullement nécessaires. Un sportif n'a pas besoin de saveurs et de couleurs artificielles !

Boissons au malt

Ces mélanges de type Ovaltine sont faits à base d'orge, de cacao et de poudre de lait écrémé, et additionnés de plusieurs nutriments incluant le fer. On ajoute du lait chaud ou froid, on remue et on savoure à petites gorgées. Une façon agréable de boire son calcium quotidien !

Yogourts à boire

Ils se boivent, s'emportent facilement et nous changent du jus ou du lait dans la boîte à lunch. Habituellement sans arômes ni colorants artificiels, ils sont faits de yogourt additionné de vrais fruits (purées ou jus concentrés). Les meilleurs fournissent au plus 1,5 % de matières grasses et pas moins de 25 % de la valeur quotidienne en calcium par portion de 250 ml, soit autant que le lait.

Laits aromatisés

Des protéines, du calcium, de la vitamine D… ces boissons apportent les mêmes bons nutriments que le lait. Mais du sucre aussi, parfois même beaucoup de sucre. Nos choix santé comptent au plus 20 g de sucres et 1,5 g de gras saturés par portion de 250 ml.

Boissons de soya

Les versions enrichies fournissent généralement tous les nutriments du lait (comme le calcium, la riboflavine et les vitamines B_{12}, A et D) en plus de la vitamine C, du fer, de l'acide folique et d'autres précieux nutriments. Leurs protéines du soya aident à protéger le cœur, tout comme les gras oméga-3 et les fibres parfois ajoutés (l'étiquette nous renseigne alors à ce sujet). Sans cholestérol ni lactose. Les meilleurs choix : pas plus de 20 g de sucres et 1,5 g de gras saturés par portion de 250 ml.

Café

À raison d'au plus trois ou quatre tasses par jour, le café ordinaire (non décaféiné) est un petit plaisir inoffensif et peu calorique lorsqu'il n'est pas additionné de crème, de sucre, de garniture fouettée ou de chocolat. S'il l'est, il peut devenir aussi riche qu'un lait frappé !

Thé

Cette boisson naturelle, sans arôme artificiel, colorant ou autre additif, est la plus consommée dans le monde (après l'eau) ! Vert ou noir, le thé contient la même teneur en caféine, soit deux à trois fois moins que le café. La consommation quotidienne de deux à cinq tasses est associée à un risque moins élevé de maladies cardiovasculaires et de cancer. Seul bémol : les tannins du thé piègent le fer des aliments et empêchent qu'il soit absorbé. Plutôt que de le boire pendant les repas, on gagne donc à le prendre au moins deux heures après ou, le cas échéant, à prévoir une bonne source de vitamine C au repas pour neutraliser l'effet des tannins.

Thé glacé

Les versions commerciales ne contiennent habituellement pas de colorants ni d'arômes artificiels. Elles sont plutôt préparées avec du vrai thé infusé et souvent additionnées de sucre (mais moins qu'une boisson gazeuse) ou d'un édulcorant artificiel.

Tisanes

Ce sont des infusions de plantes séchées autres que le théier (*Camellia sinensis*). Si on leur prête parfois des vertus sans fondement (comme celle de faire maigrir ou d'apporter la bonne humeur ou la sérénité !), on leur reconnaît tout de même certaines propriétés. Par exemple, les tisanes de mélisse, de tilleul, de fleur d'oranger et de petite camomille favorisent la relaxation, alors que celles de menthe, de romarin, de sauge, de verveine et de grande camomille facilitent la digestion. Toutes sont sans sucre ni caféine.

NOS PRODUITS PRÉFÉRÉS

Sains et pratiques, ces incontournables ont l'heur de nous faciliter la vie.

Au congélateur

Fruits surgelés

Certains sont surgelés individuellement et vendus emballés dans de pratiques sachets refermables. Nul besoin de les dégeler, ils passent directement du sachet à nos mélanges à crêpes, croustades, desserts glacés, jus de fruits, yogourts, laits battus et boissons exotiques. Pour une collation ou un dessert express : on les sert tels quels (non dégelés) dans une coupe à dessert ou on les plonge dans un yogourt ou une sauce au chocolat. Puis on laisse fondre dans la bouche…

Légumes surgelés

Ici, pas de gaspillage : seule la partie comestible a été empaquetée et on n'utilise que la quantité nécessaire, tandis que le restant se conserve jusqu'à un an. Une bonne raison d'en garder plusieurs variétés ! Déjà lavés, coupés et même assortis (mélanges asiatique, mexicain, californien et autres), ils peuvent être passés quelques minutes au micro-ondes, à la poêle ou à la marguerite ou ajoutés directement dans la soupe ou l'eau de cuisson du riz ou des pâtes (dans les dernières minutes de cuisson).

Desserts glacés allégés

Un lait ou un yogourt glacé, un sorbet ou une crème glacée allégée, rien de tel comme dessert improvisé : coupe glacée avec coulis ou fruits, pêches melba, crêpe fourrée (essayez les crêpes bretonnes du commerce), sandwich glacé ou lait battu aux fruits. À privilégier : les variétés qui contiennent 8 g de matières grasses ou moins par portion de 250 ml.

Jus de fruits concentré

Il se conserve des mois. Sa valeur nutritive se compare très bien à celle des jus réfrigérés. Comme on l'a concentré en faisant évaporer une partie de son eau, il prend peu de place dans le congélateur. Au besoin, on le reconstitue avec trois parties d'eau. Le jus concentré peut servir à assaisonner l'eau de cuisson du riz et les marinades pour la volaille ou le porc. Il s'emploie aussi pour rehausser, sans ajout de gras ou de sel, le goût des purées de patates douces ou de carottes et des sautés de légumes ou de poulet. Les produits « avec calcium » peuvent aider à augmenter l'apport de ce nutriment important.

Sucettes glacées aux vrais fruits

Les variétés commerciales préparées avec du jus et de la purée de fruits sont incomparablement meilleures que les habituels bonbons glacés composés d'eau sucrée aromatisée et colorée…

Pâtes à Won Ton

Chauds, chauds les chaussons… et si faciles à faire avec ces petits carrés de pâte ! On remplit le centre d'une garniture à base de poulet, de jambon, de rôti ou de crevettes (l'occasion de passer un reste), on plie pour former des triangles et on scelle à l'aide d'un peu d'œuf battu. Il ne reste qu'à huiler légèrement, à griller au four dix minutes de chaque côté, puis à déguster avec une crème sure ou une salsa. Autres suggestions : les faire bouillir deux minutes puis les servir à la chinoise dans un bouillon avec quelques légumes en dés ou les incorporer à une sauce au beurre d'arachide pour une entrée chaude savoureuse.

Filets de dindon ou poitrines de poulet désossées

Le blanc de volaille est extra-maigre. Petits et grands en raffolent, que ce soit en filets, en sautés, en brochettes, braisé ou grillé au four ou sur le gril. Un truc pour accélérer la préparation des recettes : avant de les congeler, couper les filets ou les poitrines en fonction des plats prévus et mettre les morceaux dans des sacs à congélation ou des contenants en plastique bien étiquetés.

Dindon surgelé

Un dindon de 7 kg donne environ 2,5 kg de viande cuite. Voilà de quoi préparer plusieurs mets (pâtés, sandwichs chauds, plats de riz et autres). Une fois cuite, on laisse tiédir la volaille avant de la dépecer, puis on congèle les tranches et les morceaux en portions suffisantes pour un repas familial. Ainsi, on aura toujours sous la main notre ingrédient de base pour une soupe, une salade ou toute recette qui demande de la viande cuite.

Fruits de mer cuits

Il y a les crevettes, le crabe, le homard et, pour moins cher et pratiquement pas de gras, les produits de goberge ou de merlan à saveur de crabe ou de homard. Déjà parés, cuits et coupés en flocons ou en bâtonnets, ils peuvent remplacer la même quantité de poulet ou de bœuf dans nos recettes préférées ou s'ajouter tels quels aux plats de pâtes, chaudrées, salades et sandwichs. Les bâtonnets font aussi d'excellents hors-d'œuvre, servis avec notre trempette ou vinaigrette préférée.

Filets de poisson surgelés séparément

Toute une prise ! Des filets de sole, d'aiglefin, de goberge ou de saumon surgelés individuellement, puis emballés sous vide pour en préserver la fraîcheur et en faciliter la séparation. On peut utiliser un ou deux filets et laisser les autres au congélateur pour un usage ultérieur. Idéals pour une chaudrée, un plat de riz, des brochettes ou des filets cuits à la vapeur ou au micro-ondes en quelques minutes pour une, deux ou plusieurs personnes.

Fromage râpé en sachet refermable

Une petite quantité peut faire beaucoup pour rehausser la saveur des mets, surtout lorsqu'il s'agit d'une variété au goût plus prononcé comme le parmesan, le cheddar fort, le suisse ou le gruyère. On utilise seulement la quantité nécessaire et on remet la portion restante au congélateur en prenant soin de retirer le maximum d'air de l'emballage. Pratique pour les soupes, les burgers, les sandwichs, les omelettes, les pizzas, les salades, les lasagnes et les plats au gratin.

Pâtes farcies (raviolis, tortellinis)

Elles se gardent facilement trois mois au congélateur, se cuisent rapidement et se marient à toutes les sauces. Reste à choisir lesquelles !

Au frigo

Yogourt nature

Une bonne façon de manger son calcium et d'entretenir sa flore intestinale. À utiliser dans les trempettes (mélangé avec des légumes râpés, de la salsa, un peu d'ail émincé, des fines herbes, de la moutarde de Dijon ou un pesto aux tomates séchées), les vinaigrettes, les marinades ou les sauces froides pour volailles, viandes blanches ou poissons. En dessert, délicieux également avec des morceaux de fruits ou un mélange de céréales « granola » ou comme garniture pour les gaufres, les crêpes et les cakes.

Œufs liquides pasteurisés

Qui a dit qu'on ne pouvait pas faire d'omelette sans casser d'œufs ? Ces œufs liquides sont vendus en cartons pratiques de 250 ml (l'équivalent de cinq œufs entiers). Ils contiennent 80 % moins de cholestérol et de matières grasses que les œufs ordinaires et sont faits uniquement d'œufs frais et d'autres ingrédients naturels. Ils se préparent et goûtent tout comme les œufs ordinaires. Comme ils sont pasteurisés, ils s'utilisent sans risque dans les boissons, les mayonnaises, les glaces maison et les autres préparations sans cuisson.

Noix hachées

Les amandes, noisettes, arachides et autres noix regorgent de bons gras insaturés et de protéines pour une source d'énergie longue durée. En outre, elles ajoutent une touche de croquant et d'exotisme aux garnitures à sandwichs, aux yogourts, aux céréales du matin, aux plats en casserole, aux salades de fruits ou de légumes et aux produits de boulangerie (biscuits, muffins, croustades, cakes). Comme leur contenu en huile les fait rancir, mieux vaut les garder au frigo (de quatre à six mois) ou même au congélateur (pour un an) plutôt que dans le garde-manger.

Graines de lin

Grâce à leur teneur en fibres et en bons oméga-3, elles pourraient protéger contre le diabète, les maladies cardiaques, le cancer, les problèmes intestinaux et inflammatoires et les symptômes menstruels et ménopausiques. Rien de moins. Moudre à la dernière minute et incorporer aux céréales du matin, yogourts, compotes, vinaigrettes, recettes de viande hachée et produits de boulangerie. Les graines de lin entières se gardent un an à température ambiante et, moulues, jusqu'à un mois au frigo.

Épinards tendres prélavés

Pas besoin de les équeuter et de les passer plusieurs fois à l'eau courante pour les débarrasser de leur saleté. Notre bon légume est prêt à utiliser, frais ou cuit : en salade, en légume d'accompagnement (faire sauter à la poêle ou braiser au micro-ondes avant d'assaisonner d'un peu de vinaigre balsamique) ou dans les plats cuisinés (lasagnes, soupes, fettucines, sauce blanche ou aux tomates, pizzas, sandwichs, pommes de terre, farces pour poitrines de poulet ou de veau, pains de viande et frittatas).

Salades prélavées

Ce sont des mélanges colorés de verdures tendres, prêtes à croquer. Il suffit d'ajouter ses garnitures et sa vinaigrette. Leur sac refermable permet de n'utiliser que la quantité nécessaire.

Hoummos

C'est une purée de pois chiches à utiliser comme trempette pour les crudités, les croustilles tortillas, ou comme tartinade sur du pain et des craquelins.

Pesto

Cette sauce vibrante de couleur et de saveur peut être utilisée comme marinade ou sauce à badigeonner sur le poulet, le porc, le saumon, ou comme tartinade pour les sandwichs et la pizza. On peut aussi l'incorporer dans une purée de pommes de terre, une trempette au yogourt ou l'ajouter à nos soupes, pâtes, sauces aux tomates ou à la crème favorites. Pour une conservation prolongée, le congeler dans des bacs à glaçons. Lorsque les cubes sont bien gelés, les transférer dans un sac pour congélateur.

Salsa

Seulement 15 calories par portion de 30 ml. La salsa ne convient pas qu'aux nachos, tacos et fajitas ! Notre ketchup mexicain n'a pas son pareil comme garniture dans les hamburgers et autres sandwichs ou sur les pommes de terre au four, les œufs brouillés ou la frittata. À essayer également comme sauce, marinade ou vinaigrette express pour la pizza, le maïs en grains, les salades de légumineuses et les brochettes ou autres grillades de poulet et de porc.

Fromage frais écrémé

Voici une bonne solution de rechange à la crème sure, à la mayonnaise et au fromage à la crème, plus riches. L'essayer nature ou mélangé à des fines herbes ou à des légumes râpés pour une tartinade, une trempette ou pour farcir des cannellonis. Y incorporer des tomates séchées, de la salsa, des olives ou des noix hachées pour une garniture à canapés.

Dans le garde-manger

Poisson en boîte dans l'eau ou le bouillon

Il contient une bonne dose de protéines, de gras oméga-3 et de calcium (lorsqu'on incorpore les arêtes écrasées du saumon dans les recettes) pour peu de calories et de gras saturés. On ouvre, on égoutte et on ajoute à la pizza, aux tacos, à la sauce à spaghettis, à la lasagne, au mélange à bruschetta, aux frittatas et aux salades. Se transforme en beignets, en plats de pâtes ou de riz, en garnitures à sandwichs ou à canapés.

Noix de soya grillées

À grignoter ou à cuisiner, ce sont des fèves de soya cuites dans l'huile. Idéales pour les enfants allergiques aux arachides, pour les collations à l'école et pour ajouter du soya bienfaisant à son menu.

Tomates en boîte

Quelle bonne base pour la soupe, la salsa, le chili, le macaroni à la viande, la sauce à spaghettis, les ragoûts et les casseroles. On les vend nature (avec sel, sucre et quelques additifs) ou déjà assaisonnées, mais rien n'empêche d'y ajouter sa propre touche (oignon, ail, fines herbes, piments, pesto, restes de légumes) et de les passer au mélangeur pour une consistance plus lisse. À essayer comme sauce pour recouvrir le poulet ou le porc à braiser.

Pain plat rond genre pizza

On garnit et on enfourne. L'occasion de passer nos restes de légumes, de viande cuite et de fromage… ou nos fruits (on étend un peu de confiture ou de coulis, des morceaux de fruits et des râpures de chocolat, on fait griller cinq minutes, et le dessert est servi!). Pour un amuse-gueule rapide, tartiner d'un peu de bruschetta, d'huile parfumée ou de pesto de basilic ou de tomates séchées, saupoudrer de parmesan râpé, passer au four et tailler en pointes ou en bâtonnets. Se congèle bien.

Crème de blé enrichie

Une portion de 45 ml de crème de blé sèche fournit la moitié du fer recommandé quotidiennement. Il est si facile de l'incorporer aux aliments (viande hachée, potages, purées de légumes, omelettes, casseroles et préparations de boulangerie).

Fruits secs

Canneberges, raisins, dattes, abricots et pruneaux, ces bonbons de la nature se consomment tels quels ou réhydratés (dans de l'eau, du jus ou de l'alcool). À grignoter nature ou à incorporer aux céréales du matin, aux sauces pour viandes et volailles, farces, riz, salades de fruits, yogourts, compotes et aux mélanges de muffins, biscuits et gâteaux. Un carburant à action rapide à garder dans le sac ou la boîte à gants de la voiture pour un en-cas.

Tofu soyeux (ou silken) en contenant TetraPak

Il se garde plusieurs mois sans réfrigération. Il se fouette bien et passe incognito dans les soupes ou les sauces crémeuses, les tartinades, les trempettes, les desserts et les boissons fouettées.

Bananes

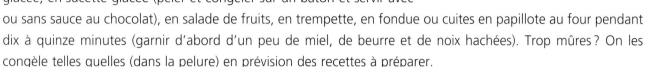

Elles entrent dans la préparation d'une foule de recettes (muffins, gâteaux, beignets, pains et autres) et se laissent déguster en coupe glacée, en sucette glacée (peler et congeler sur un bâton et servir avec ou sans sauce au chocolat), en salade de fruits, en trempette, en fondue ou cuites en papillote au four pendant dix à quinze minutes (garnir d'abord d'un peu de miel, de beurre et de noix hachées). Trop mûres ? On les congèle telles quelles (dans la pelure) en prévision des recettes à préparer.

Pêches tranchées en boîte

Elles sont délicieuses garnies de « granola », de yogourt ou de crème glacée, sur les céréales du matin ou dans les salades et compotes de fruits maison. Elles se transforment en coulis pour les desserts glacés et les gâteaux. De multiples recettes de tartes, de gâteaux, de poudings et de carrés aux fruits les incorporent également. À essayer : en ajouter de petits dés aux préparations de viandes hachées (porc, bœuf, agneau) et aux sauces ou riz d'accompagnement.

Compote de pommes non sucrée

On l'apprécie surtout comme collation pour la boîte à lunch. Mais elle peut très bien remplacer l'huile dans les recettes de muffins et de gâteaux. C'est aussi une sauce express tout indiquée pour les côtelettes ou les brochettes de porc, les gâteaux et les céréales et gaufres du matin.

Bouillon condensé ou prêt à utiliser en boîte (allégé en sodium)

Pour un extra de saveur, sans gras. On peut y cuire le riz, en incorporer dans la purée de pommes de terre ou y faire sauter viandes et légumes. Il sert aussi de bouillon à fondue chinoise (y ajouter un peu de vin rouge, une feuille de laurier ou de la poudre d'ail pour parfumer), que l'on peut ensuite récupérer comme base de soupe. Pour une sauce rapide pour la viande, la volaille ou les légumes, dissoudre 2 cuillerées à soupe de fécule de maïs dans 300 ml de bouillon, verser dans la poêle chaude et laisser chauffer jusqu'à épaississement.

Soupe-crème condensée en boîte (allégée en gras)

Reconstituée avec du lait plutôt que de l'eau et additionnée d'un reste de fromage, de tofu, de volaille ou de haricots cuits, elle fait un repas léger et satisfaisant. Diluée dans un peu d'eau ou de lait, c'est aussi une sauce crémeuse pour la volaille, le pain de viande, les pommes de terre en escalopes et les plats de riz ou de pâtes.

Mélange à soupe

Riz, orge, pois, lentilles et haricots, tout y est ! Il suffit d'ajouter de l'eau ou du bouillon et nos assaisonnements préférés, et de laisser mijoter jusqu'à tendreté. La soupe est servie !

Légumineuses en boîte

Elles ont une excellente valeur nutritive. Nul besoin de les faire tremper puis mijoter longuement. On ouvre, on rince à l'eau courante (pour éliminer le surplus de sel) et on incorpore aux fajitas, chilis, riz, farces, soupes, salades, sauces pour pâtes, ragoûts et plats en casserole. On peut aussi les passer au mélangeur avec un peu de yogourt ou de salsa pour une trempette ou une tartinade à sandwichs.

Fèves à la sauce tomate

Une portion de 250 ml fournit 14 g de fibres, l'équivalent de 7 tranches de pain de blé entier, en plus de constituer un repas faible en gras et ultra-économique. Il suffit d'ouvrir, de verser et de réchauffer.

Biscuits roulés aux dattes ou aux figues

Ils contiennent des dattes comme premier ingrédient. De quoi satisfaire sa dent sucrée pour moins de gras et plus de fer, de potassium et de fibres que la plupart des biscuits du commerce.

Recettes

Recettes de base
et accompagnements

Bouillon de poulet de base

Vos soupes ne seront plus jamais les mêmes avec ce goûteux bouillon de poulet maison.

Préparation : 5 min   Cuisson : 1 h 30   Environ 2 l (8 tasses)   **Se congèle**

1	gros poulet en quartiers de 2-3 kg (4-6 lb) ou 4 cuisses de poulet avec dos
2	grosses carottes en gros morceaux
1	gros oignon en quartiers
6	gousses d'ail non pelées
	feuilles de céleri
1	feuille de laurier
10	grains de poivre
	gros sel

Dans une grande casserole, déposer les quartiers de poulet. Verser suffisamment d'eau froide pour couvrir le poulet. Ajouter les légumes et les assaisonnements. Amener à ébullition à feu élevé. Écumer les impuretés en surface. Réduire la chaleur à feu moyen et laisser mijoter 1 h, à demi couvert, en écumant si nécessaire.

Retirer le poulet et le désosser. Réserver la chair et jeter la carcasse et la peau.

Pendant ce temps, poursuivre la cuisson du bouillon environ 20 min. Filtrer le bouillon au-dessus d'un bol. Jeter les légumes.

Réfrigérer le bouillon au moins 2 h, puis enlever le gras en surface. Le bouillon se conservera jusqu'à 2 jours au frigo ou jusqu'à 6 mois au congélateur.

truc
- Pour s'assurer que tous les ingrédients demeurent submergés, déposer une marguerite ouverte en surface. Il sera aussi plus facile d'écumer le bouillon.

variante
- Pour une soupe « poulet et nouilles » qui ressemble à celle du commerce, ajouter du curcuma (il donnera une belle couleur dorée au bouillon), des vermicelles, du poulet émincé et un peu de persil frais.

Crème de maïs

Cette soupe remplie de beaux légumes peut aussi être réduite en purée et servie en potage.

Préparation : 5 min	Cuisson : 15 min	Portions : 7	**Se congèle**

15 ml	(1 c. à soupe)	huile
1/2 sac	(750 ml/3 tasses)	légumes à soupe de type Saladexpress*
500 ml	(2 tasses)	maïs en grains surgelé
45 ml	(3 c. à soupe)	farine
500 ml	(2 tasses)	bouillon de légumes ou de poulet chaud
1 boîte	(385 ml/14 oz)	lait évaporé
1 pincée		muscade
		sel et poivre

*   Les légumes à soupe Saladexpress se trouvent au comptoir réfrigéré des légumes. Très utile, ce mélange de carotte, céleri, chou, oignon et navet s'ajoute aux soupes, ragoûts et sauces à spaghetti.

Dans une grande casserole, chauffer l'huile à feu moyen-élevé. Ajouter les légumes et le maïs. Cuire pendant 10 min ou jusqu'à ce que les légumes aient ramolli.

Saupoudrer la farine sur les légumes, bien mélanger et cuire quelques minutes.

Incorporer le bouillon chaud et le lait évaporé en brassant sans arrêt jusqu'à épaississement.

Ajouter la pincée de muscade. Saler et poivrer au goût. Baisser le feu et laisser mijoter doucement pendant environ 5 min.

truc
● Des étiquettes autocollantes et un marqueur à encre permanente s'avèrent pratiques pour identifier et dater ses réalisations culinaires et éviter ainsi bien des méprises.

variante
● Ajouter des crevettes cuites ou de la chair de crabe et remplacer la muscade par des graines de fenouil.

Légumes racines rôtis

On glisse au four et on a tout le temps de préparer le reste du souper.

Préparation : 15 min   Cuisson au four : 30 min   Portions : 6

4		grosses carottes pelées
4		pommes de terre pelées
2		panais ou navets blancs pelés
30 ml	(2 c. à soupe)	huile
7 ml	(1 1/2 c. à thé)	sel
30 ml	(2 c. à soupe)	ciboulette fraîche hachée ou 10 ml (2 c. à thé) de ciboulette séchée

Préchauffer le four à 230 °C (450 °F).

Couper les légumes en bâtonnets. Déposer dans un grand bol. Incorporer l'huile, le sel et la ciboulette.

Étendre en une seule couche sur une grande plaque de cuisson recouverte de papier parchemin. Cuire 30 min ou jusqu'à ce que les légumes soient dorés.

Servir en accompagnement du dindon piccata (p. 126), des côtelettes de porc pesto aux tomates (p. 106) ou du pain de viande (p. 128).

truc

- Déposer votre planche à découper en bois ou en plastique sur un linge humide pour la maintenir bien en place.

variantes

- Varier les saveurs en incorporant aux légumes, une fois rôtis, des noix hachées et grillées, du fromage bleu ou feta émietté, de la pâte de cari ou encore du zeste de citron ou d'orange.
- Remplacer l'huile, le sel et la ciboulette par un mélange fait de 45 ml (3 c. à soupe) de miel, de 15 ml (1 c. à soupe) de jus de citron et de 15 ml (1 c. à soupe) d'huile. Saler au goût.
- Ne vous laissez pas arrêter par les légumes proposés : faites votre propre combinaison. Par exemple : courge d'hiver tranchée, betterave tranchée et rondelles d'oignon. La technique est la même et le temps de cuisson est d'environ 20 min.
- Mélanger des légumes rôtis avec du riz ou de l'orge cuit, saler et poivrer, ajouter un peu de persil frais et voilà un pilaf de légumes grillés !

Ratatouille

Cette préparation savoureuse se prête à de multiples usages et se congèle sans problème.

Préparation : 20 min   Cuisson au four : 45 min   Portions : 6   Se congèle

15 ml	(1 c. à soupe)	huile
1		bulbe de fenouil en dés
2		oignons hachés grossièrement
2		poivrons rouges et/ou jaunes en dés
4		gousses d'ail émincées
5 ml	(1 c. à thé)	graines de fenouil
2		courgettes en dés
6		tomates hachées grossièrement ou 1 boîte (540 ml/19 oz) de tomates en dés
		sel et poivre
50 ml	(1/4 tasse)	basilic frais haché

Préchauffer le four à 180 °C (350 °F).

Dans une casserole à fond épais pouvant aller au four, chauffer l'huile à feu moyen. Faire revenir le fenouil, l'oignon et le poivron, en brassant de temps en temps, 10 min ou jusqu'à ce que les légumes soient légèrement dorés.

Ajouter l'ail et les graines de fenouil, et mélanger. Cuire environ 1 min ou jusqu'à ce que le mélange soit odorant.

Ajouter les courgettes et les tomates. Saler et poivrer. Couvrir et cuire au four 45 min ou jusqu'à ce que les légumes soient tendres et que la ratatouille ait légèrement épaissi. Incorporer le basilic avant de servir.

Servir en accompagnement de la frittata aux pommes de terre (p. 164) ou des croque-monsieur au thon (p. 131). Ou utiliser pour préparer les tortellinis sauce ratatouille (p. 149) ou le poulet *cacciatore* (p. 113).

trucs

- Repas express : couvrir de ratatouille chaude le fond de ramequins individuels, y faire un nid et y casser un œuf en évitant de briser le jaune. Cuire au four préchauffé à 200 °C (400 °F) pendant 8 à 10 min ou jusqu'à ce que les œufs soient tout juste cuits (ils continueront à cuire dans la ratatouille chaude). Servir avec un morceau de pain croûté.
- Repas express : faire revenir 500 g (1 lb) de bœuf haché dans un grand poêlon jusqu'à ce qu'il soit cuit. Ajouter 750 ml (3 tasses) de ratatouille et 1 boîte (213 ml/7 1/2 oz) de sauce tomate. Bien réchauffer et incorporer environ 1,5 l (6 tasses) de pâtes courtes cuites. Servir avec du parmesan et une salade verte.

variante

- Pour une saveur plus traditionnelle, remplacer le bulbe de fenouil par des dés d'aubergine que l'on fera cuire en même temps que les courgettes.

Tomates et concombres en salade

Une salade qui apportera texture et fraîcheur au tofu croustillant (p. 153) et à tout repas de poisson, de bœuf ou de poulet grillé.

Préparation : 10 min   Portions : 4

2		tomates en dés
1/2		concombre anglais pelé, en dés
1		oignon vert haché
45 ml	(3 c. à soupe)	persil frais haché
30 ml	(2 c. à soupe)	huile
15 ml	(1 c. à soupe)	vinaigre de vin
		sel et poivre

Dans un bol, mélanger délicatement tous les ingrédients. Servir dans l'heure qui suit.

variantes

À noter : pour ces variantes, doubler les quantités de persil, d'huile et de vinaigre de vin.

- À la niçoise : ajouter une boîte de thon en flocons et quelques olives noires, et remplacer le vinaigre de vin par 30 ml (2 c. à soupe) de jus de citron. Servir sur de la laitue romaine émincée.

- À la marocaine : ajouter une demi-boîte (540 ml/19 oz) de pois chiches bien rincés et égouttés, et 5 ml (1 c. à thé) de cumin moulu. Servir sur un nid de couscous.

- À l'italienne : ajouter une demi-boîte (540 ml/19 oz) de haricots blancs bien rincés et égouttés, remplacer le concombre par un petit bulbe de fenouil en bouchées et ajouter 15 ml (1 c. à soupe) de pesto aux tomates. Servir mélangé avec des pâtes courtes cuites.

- À la mexicaine : ajouter une demi-boîte (540 ml/19 oz) de haricots noirs bien rincés et égouttés, 250 ml (1 tasse) de maïs en grains et 15 ml (1 c. à soupe) de chili en poudre. Servir mélangé avec du riz blanc cuit.

Sauce yogourt, ail et menthe

Les crudités n'ont qu'à bien se tenir...

Préparation : 2 min   Environ 125 ml (1/2 tasse)

1		gousse d'ail
1 ml	(1/4 c. à thé)	sel
125 ml	(1/2 tasse)	yogourt nature
2 ml	(1/2 c. à thé)	menthe séchée ou 7 ml (1 1/2 c. à thé) de menthe fraîche hachée
		sel et poivre

À l'aide d'un mortier ou avec le plat d'un grand couteau, écraser la gousse d'ail avec le sel et réduire en purée. Incorporer au yogourt avec la menthe. Saler et poivrer au goût.

Servir en accompagnement des pois chiches à l'indienne (p. 156) ou des pitas farcis à la marocaine (p. 88).

trucs

- Utiliser cette sauce pour faire mariner des poitrines de poulet désossées, entières ou en cubes : mettre la sauce avec le poulet dans un sac à fermeture hermétique, sceller, secouer pour bien enrober le poulet puis déposer au frigo ou au congélateur.

- Pour enlever l'odeur de l'ail sur les doigts, se mouiller les mains et les frotter sur l'acier inoxydable de l'évier ou du robinet.

variantes

- Version tzatziki : ajouter 50 ml (1/4 tasse) de concombre pelé, épépiné, râpé fin et bien asséché.

- Version raïta : doubler la quantité de yogourt et ajouter 125 ml (1/2 tasse) de concombre pelé, épépiné et haché fin, 125 ml (1/2 tasse) de tomate hachée fin et une bonne pincée de cumin. Délicieux avec une volaille grillée.

Sauce tomate

Cette sauce de base peut servir à la préparation d'une lasagne, d'un spaghetti, du poulet parmesan (p. 122) ou du poulet sur lit de fenouil (p. 117).

Préparation : 5 min   Cuisson : 50 min   Environ 1,75 l (7 tasses)   Se congèle

30 ml	(2 c. à soupe)	huile
6		gousses d'ail légèrement écrasées
3 boîtes	(796 ml /28 oz)	tomates italiennes en dés
10 ml	(2 c. à thé)	gros sel
50 ml	(1/4 tasse)	basilic frais haché
5 ml	(1 c. à thé)	origan séché

Dans une grande casserole, faire chauffer l'huile à feu moyen. Y faire revenir l'ail 2 min ou jusqu'à ce qu'il soit légèrement doré.

Ajouter les tomates et le sel. Amener à ébullition. Baisser le feu et laisser mijoter, en brassant de temps en temps, pendant 45 min ou jusqu'à ce que la sauce épaississe.

Incorporer le basilic et l'origan. À l'aide du mélangeur à main ou du robot culinaire, réduire la sauce en une purée lisse, si désiré.

MON ENFANT PEUT...

- Défaire les tomates en morceaux avec ses mains si on utilise des tomates entières. Il adorera !

TRUCS

- Doubler cette recette et la congeler en portions familiales ou individuelles.
- Pour une sauce à la viande improvisée : incorporer la sauce tomate à des restes de pain de viande (p.128).

Sauce blanche

Cette sauce blanche s'apprête différemment de la béchamel traditionnelle. Même sans corps gras, elle est onctueuse et convient très bien à la préparation d'une lasagne, d'un macaroni au fromage ou de toute autre recette de pâtes.

Préparation : 5 min   Cuisson : 5 min   Environ 500 ml (2 tasses)

500 ml	(2 tasses)	lait
75 ml	(1/3 tasse)	farine
2 ml	(1/2 c. à thé)	sel
		poivre

Dans une casserole, faire chauffer le lait avec la farine en brassant constamment jusqu'à épaississement, soit pendant environ 3 min.

Ajouter le sel et poivrer au goût.

variantes

- Au fromage : lorsque la sauce a épaissi, incorporer 125 ml (1/2 tasse) de cheddar fort râpé ou de parmesan râpé et une pincée de moutarde sèche.

- Rosée : lorsque la sauce a épaissi, incorporer 15 ml (1 c. à soupe) de pâte de tomate et une bonne pincée d'origan séché.

- À la florentine : lorsque la sauce a épaissi, incorporer 125 ml (1/2 tasse) d'épinards surgelés, dégelés et bien égouttés, ainsi qu'une pincée de muscade.

Variations sur les légumes

Les légumes devraient faire partie de tous les repas et, apprêtés comme nous vous le suggérons, ils auront la cote !

Légumes grillés

Préparation : 10 min   **Cuisson au four : 10 min**   **Portions : 5**

Préchauffer le gril du four. Mélanger 3 gousses d'ail hachées et 45 ml (3 c. à soupe) d'huile. Saler et poivrer. Couper 2 poivrons, 2 courgettes, 2 tomates italiennes et 2 oignons en quartiers et les badigeonner du mélange d'huile. Déposer sur une plaque de cuisson recouverte de papier parchemin. Cuire sous le gril 10 min ou jusqu'à ce que les légumes soient dorés.

Fenouil en salade

Préparation : 10 min   **Portions : 4**

Trancher finement un petit bulbe de fenouil, un petit oignon rouge et une pomme rouge non pelée. Arroser de 15 ml (1 c. à soupe) d'huile d'olive et de 10 ml (2 c. à thé) de vinaigre balsamique. Saler et poivrer.

Rubans de carotte

Préparation : 10 min   **Cuisson : 5 min**   **Portions : 4**

À l'aide d'un couteau économe ou d'une mandoline, faire de longs rubans jusqu'au cœur avec 2 carottes. Déposer dans une marguerite et cuire à la vapeur 5 min ou jusqu'à ce qu'ils soient *al dente*. Mettre dans un plat de service. Arroser de 10 ml (2 c. à thé) de jus de citron et de 5 ml (1 c. à thé) d'huile, puis saupoudrer de 15 ml (1 c. à soupe) de ciboulette fraîche. Saler et poivrer.

pommes de terre salées

Préparation : 5 min   Cuisson au four : 30 min   Portions : 4

Utiliser suffisamment d'huile pour bien enrober des pommes de terre grelots. Saupoudrer de gros sel. Étendre sur une plaque de cuisson recouverte de papier parchemin. Cuire au four préchauffé à 230 °C (450 °F) pendant 30 min ou jusqu'à ce que les pommes de terre soient tendres et dorées. Pour un coup d'œil différent, utiliser un mélange de grelots blancs et de grelots rouges ou bleus.

pommes de terre et saucisses

Préparation : 5 min   Cuisson au four : 30 min   Portions : 4

Dans un four préchauffé à 230 °C (450 °F), faire cuire pendant 30 min dans un plat en terre cuite émaillée ou en pyrex des pommes de terre grelots avec des gousses d'ail non pelées, 6 saucisses de veau ou de dindon piquées à plusieurs endroits et quelques branches de romarin frais. Au moment de servir, couper les saucisses en diagonale et presser les gousses pour en retirer la chair (à tartiner sur du pain).

tomates grillées

Préparation : 10 min   Cuisson au four : 20 min   Portions : 4

Préchauffer le four à 200 °C (400 °F). Déposer 8 moitiés de tomates dans un plat peu profond allant au four. Dans un petit bol, mélanger 45 ml (3 c. à soupe) de parmesan râpé, 30 ml (2 c. à soupe) de chapelure nature, 15 ml (1 c. à soupe) d'huile et 5 ml (1 c. à thé) de basilic ou d'origan séché. Déposer environ 10 ml (2 c. à thé) de ce mélange sur chaque moitié de tomate. Poivrer. Cuire les tomates 20 min ou jusqu'à ce qu'elles soient tendres.

Plats principaux

Soupes-repas

Soupe pâtes et pois chiches – *Pasta e ceci*

Saviez-vous que 125 ml (1/2 tasse) de pois chiches cuits procurent autant de fer que 90 g (3 oz) de bœuf haché cuit ? En plus, c'est succulent !

Préparation : 10 min   Cuisson : 20 min   Portions : 4

Végétarien
Se congèle

10 ml	(2 c. à thé)	huile
2		gousses d'ail hachées
1		branche de romarin frais ou 7 ml (1 1/2 c. à thé) de romarin séché, broyé
1 boîte	(540 ml/19 oz)	tomates en dés
500 ml	(2 tasses)	bouillon de bœuf ou de légumes
250 ml	(1 tasse)	eau
1 boîte	(540 ml/19 oz)	pois chiches, rincés et égouttés
125 ml	(1/2 tasse)	macaronis non cuits (ou toute autre pâte courte)
		sel et poivre
60 ml	(4 c. à soupe)	parmesan râpé

Dans une grande casserole, chauffer l'huile à feu moyen et y faire revenir l'ail et le romarin 30 s ou jusqu'à ce que l'ail soit légèrement doré. Ajouter les tomates, le bouillon et l'eau, et amener à ébullition.

Pendant ce temps, écraser environ 250 ml (1 tasse) de pois chiches avec un pilon à pommes de terre. Incorporer les pois chiches écrasés, les pois chiches entiers et les macaronis au mélange de bouillon et de tomates. Saler et poivrer.

Retirer la branche de romarin frais. Laisser mijoter la soupe à découvert 10 min ou jusqu'à ce que les pâtes soient cuites.

Saupoudrer chaque portion de 15 ml (1 c. à soupe) de parmesan et servir.

mon enfant peut...
- Écraser les pois chiches.

trucs
- Au moment de réchauffer la soupe, le lendemain, ajouter un peu de bouillon ou d'eau, car la soupe aura épaissi.
- Avant de commencer une recette, la lire du début à la fin pour éviter d'avoir des surprises (temps d'attente, ingrédient manquant).

Soupe asiatique au tofu

Un repas réconfortant dans un seul bol !

Préparation : 10 min   Cuisson : 15 min   Portions : 5   **Végétarien**
(MARINER 15 MIN)

45 ml	(3 c. à soupe)	sauce soya
15 ml	(1 c. à soupe)	miel
2		gousses d'ail hachées finement
1 paquet	(454 g/16 oz)	tofu ferme en cubes de 2 cm (3/4 po)
1,5 l	(6 tasses)	bouillon de poulet ou de légumes
45 ml	(3 c. à soupe)	gingembre frais haché finement
500 ml	(2 tasses)	haricots verts surgelés, en julienne
1 paquet	(120 g/4 oz)	nouilles de riz chinoises
4		oignons verts taillés en biseau
		huile de sésame (facultatif)
		sauce aux piments forts (facultatif)

Dans un bol, mélanger la sauce soya, le miel et l'ail. Ajouter les cubes de tofu et les enrober du mélange. Laisser mariner le temps de préparer le bouillon. (On peut aussi mettre le tofu à mariner la veille.)

Dans une grande casserole, amener le bouillon et le gingembre à ébullition. Incorporer les haricots verts et les cubes de tofu avec la marinade. Ramener à ébullition et ajouter les nouilles. Cuire 5 min ou jusqu'à ce que les nouilles soient cuites.

Au moment de servir, répartir les légumes, les nouilles et le tofu au fond de grands bols à soupe et arroser de bouillon chaud. Garnir d'oignons verts tranchés. Ajouter quelques gouttes d'huile de sésame et de sauce aux piments forts, si désiré.

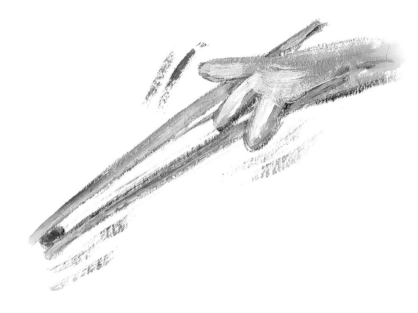

mon enfant peut…

- Couper le tofu en cubes ;

- Préparer la marinade et en enrober les cubes de tofu ;

- Apprendre à manier les baguettes pour manger les nouilles comme le font les Asiatiques.

truc

- Casser les nouilles en deux avant de les cuire. Il sera ainsi plus facile de les servir et de les manger, surtout pour les enfants.

variantes

- Remplacer le tofu par du poulet cuit ou des crevettes. Pour une saveur encore plus asiatique, ajouter la partie tendre qui se trouve au centre d'une branche de citronnelle, hachée finement en même temps que le gingembre lors de la préparation du bouillon ; garnir votre bol de soupe d'un peu de piment de chili tranché au lieu de la sauce aux piments forts.

- Si on n'a pas de nouilles de riz chinoises, utiliser des *capelli d'angelo* (cheveux d'ange) ou des vermicelles ; les cuire *al dente* selon les instructions sur l'emballage.

- On pourrait remplacer la sauce soya par du nuoc mam. Il s'agit d'une sauce de poisson claire et très salée. On l'utilise pour mettre en valeur le goût des autres ingrédients et non pas pour leur donner un goût de poisson. Il existe aussi une version thaïlandaise appelée nam pla.

Soupe indienne aux lentilles

Pour une saveur typiquement indienne, saupoudrer la soupe de coriandre fraîche hachée au moment de servir.

Préparation : 5 min   Cuisson : 15 min   Portions : 3

Végétarien
Se congèle

5 ml	(1 c. à thé)	huile
1		petit oignon haché finement
10 ml	(2 c. à thé)	cari
1 boîte	(540 ml/19 oz)	lentilles, rincées et égouttées
1 boîte	(398 ml/14 oz)	bouillon de poulet ou de légumes condensé
375 ml	(1 1/2 tasse)	eau
3		fines tranches de citron

Dans une casserole, chauffer l'huile à feu moyen-élevé. Ajouter l'oignon et le cuire 5 min ou jusqu'à ce qu'il ait ramolli. Ajouter le cari et poursuivre la cuisson jusqu'à ce que le mélange soit odorant.

Incorporer les lentilles, le bouillon et l'eau, et laisser mijoter 10 min ou jusqu'à ce que les lentilles soient tendres. Réduire en purée à l'aide du mélangeur. Déposer une fine tranche de citron à la surface de la soupe et servir.

trucs

- Pour un extra de saveur incomparable, écraser la tranche de citron au fond de son bol avec le dos de sa cuillère.
- Accompagner la soupe avec un papadum bien croustillant (si on a la chance d'en trouver). Ce pain ressemble à un pita, mais il a une texture comparable à celle d'une croustille.

variante

- Servir cette soupe avec des pitas rôtis : séparer 4 pitas en deux, les badigeonner d'un mélange fait de 45 ml (3 c. à soupe) d'huile d'olive et de 5 ml (1 c. à thé) de coriandre en poudre, puis les saupoudrer de 5 ml (1 c. à thé) de graines de moutarde. Cuire au four préchauffé à 180 °C (350 °F) pendant 10 à 12 min ou jusqu'à ce que les pains soient dorés et croustillants. Briser les pitas grillés en bouchées.

Soupe poulet et riz

La soupe favorite des petits et grands ! L'ajout de curcuma donnera une belle couleur dorée au bouillon.

Préparation : 5 min   Cuisson : 40 min   Portions : 10   **Se congèle**

2,5 l	(10 tasses)	bouillon de poulet (du commerce ou voir p. 64)
500 g	(1 lb)	poitrines de poulet, sans la peau
1 sac	(700 g/25 oz)	légumes à soupe de type Saladexpress*
250 ml	(1 tasse)	riz brun à grains longs
5 ml	(1 c. à thé)	sel
5 ml	(1 c. à thé)	curcuma
50 ml	(1/4 tasse)	persil frais haché
		poivre

*   Les légumes à soupe Saladexpress se trouvent au comptoir réfrigéré des légumes. Très utile, ce mélange de carotte, céleri, chou, oignon et navet s'ajoute aux soupes, ragoûts et sauces à spaghetti.

Dans une grande casserole, verser le bouillon et y faire pocher le poulet à feu moyen pendant 20 min (ou 30 min si on utilise du poulet congelé). Retirer le poulet du bouillon et réserver.

Incorporer les légumes, le riz et le sel au bouillon. Amener à ébullition, baisser le feu et laisser mijoter à demi couvert pendant 20 min ou jusqu'à ce que les légumes et le riz soient cuits.

Couper le poulet en bouchées et l'ajouter à la soupe. Incorporer le curcuma et le persil. Poivrer au goût et servir.

Mon enfant peut...

- Couper le poulet cuit en bouchées.

Variantes

- Pour écourter la préparation, utiliser du poulet déjà cuit ou un poulet rôti de l'épicerie, ainsi que du bouillon du commerce à faible teneur en sodium.

- On peut cuire le poulet de cette façon pour la préparation d'une salade ou de sandwichs au poulet.

- Traiter votre bouquet d'herbes fraîches comme un bouquet de fleurs : le déposer dans un vase de façon que les tiges baignent dans quelques centimètres d'eau, puis l'envelopper, sans serrer, dans un sac en plastique et conserver ainsi le tout au frigo jusqu'à 2 semaines.

Soupe poulet et haricots

Une soupe-repas chaude et consistante pour les froides soirées d'hiver.

10 ml	(2 c. à thé)	huile
500 ml	(2 tasses)	poireau tranché
250 ml	(1 tasse)	carottes râpées
2 ml	(1/2 c. à thé)	sauge séchée
500 ml	(2 tasses)	bouillon de poulet
500 ml	(2 tasses)	eau
1 boîte	(540 ml/19 oz)	haricots blancs, rincés et égouttés
500 ml	(2 tasses)	poulet cuit, émincé
2 ml	(1/2 c. à thé)	zeste de citron
		sel et poivre

Dans une grande casserole, faire chauffer l'huile à feu moyen-élevé. Y faire revenir le poireau et les carottes 5 min ou jusqu'à ce que les légumes soient cuits.

Ajouter la sauge et cuire jusqu'à ce que le mélange soit odorant. Incorporer le bouillon et l'eau, et amener à ébullition à feu élevé.

Ajouter les haricots, le poulet et le zeste de citron, et bien réchauffer la soupe. Saler et poivrer. Servir.

MON ENFANT PEUT…

- Râper les carottes ;
- Rincer les haricots blancs.

TRUC

- Pour une version express, utiliser des poireaux et des carottes déjà lavés et coupés, ainsi que du poulet rôti de l'épicerie.

Soupe aux saucisses italiennes

Faites d'une pierre deux coups ! Doublez ou même triplez cette recette pour la congeler en portions individuelles.

Préparation : 15 min   Cuisson : 30 min   Portions : 6   Se congèle

400 g	(14 oz)	saucisses italiennes
15 ml	(1 c. à soupe)	huile
1		bulbe de fenouil émincé ou 2 branches de céleri en dés
1		carotte en rondelles
1		oignon en dés
2		gousses d'ail hachées
500 ml	(2 tasses)	bouillon de poulet
500 ml	(2 tasses)	eau
1 boîte	(540 ml/19 oz)	tomates en dés
2 ml	(1/2 c. à thé)	graines de fenouil
200 ml	(3/4 tasse)	pâtes courtes (tubettis, fusillis, macaronis)
30 ml	(2 c. à soupe)	persil frais haché ou 10 ml (2 c. à thé) de persil séché
		sel et poivre
		parmesan râpé

Retirer la chair des saucisses (jeter les enveloppes). Dans une grande casserole, chauffer l'huile à feu doux et y faire revenir la chair des saucisses 5 min ou jusqu'à ce qu'elle soit brunie. Si l'on souhaite conserver les rondelles de saucisse dans la soupe, cuire les saucisses entières puis les couper en rondelles de 1 cm (1/2 po). Retirer la viande de la casserole et égoutter le surplus de gras, si nécessaire.

Dans la même casserole, mettre le fenouil, la carotte, l'oignon et l'ail et faire cuire 10 min ou jusqu'à ce que les légumes soient tendres.

Remettre la saucisse dans la casserole. Ajouter le bouillon, l'eau, les tomates et les graines de fenouil, et amener à ébullition.

Incorporer les pâtes, ramener à ébullition, puis laisser mijoter pendant 8 min ou jusqu'à ce que les pâtes soient cuites. Incorporer le persil, saler et poivrer, et servir avec du parmesan râpé.

MON ENFANT PEUT...

- S'amuser à retirer la chair des saucisses.

TRUCS

- Pour accélérer la préparation de la soupe, couper les légumes (fenouil ou céleri, carotte et oignon) à l'aide du robot culinaire.

- Pour plus de rapidité encore, remplacer le céleri, la carotte et l'oignon de la recette par la moitié d'un sac de légumes à soupe de type Saladexpress. La saveur sera quelque peu différente.

Bœuf

Boulettes au parmesan

1,2,3... les boulettes sont prêtes... 4,5,6... elles ont disparu !

| Préparation : 15 min | Cuisson : 15 min | Portions : 6 | **Se congèle** |

500 g (1 lb)		bœuf haché
1		œuf
45 ml	(3 c. à soupe)	chapelure nature
75 ml	(1/3 tasse)	parmesan râpé
50 ml	(1/4 tasse)	persil frais haché
		sel et poivre
15 ml	(1 c. à soupe)	huile
15 ml	(1 c. à soupe)	beurre

Dans un bol, bien mélanger tous les ingrédients sauf l'huile et le beurre.

Façonner en boulettes de la grosseur d'une balle de ping-pong (s'enduire les mains d'huile d'olive pour faciliter l'opération). Donne entre 20 et 25 boulettes.

Dans un grand poêlon, chauffer l'huile et le beurre à feu élevé et saisir les boulettes, en les retournant régulièrement, pendant 15 min ou jusqu'à ce qu'elles soient bien colorées.

mon enfant peut...

- Mélanger la viande et façonner les boulettes avec ses mains.

truc

- Doubler ou même tripler cette recette et répartir les boulettes cuites dans des sacs à congélation en nombre suffisant pour un repas. Retirer le maximum d'air du sac au moment de congeler l'aliment. À l'aide d'une paille, aspirer l'air, puis refermer le sac en retirant rapidement la paille.

variantes

- Au four : déposer les boulettes sur une plaque. Cuire au four préchauffé à 190 °C (375 °F) pendant 15 min. Servir sur un nid de riz avec une salade d'épinards.

- Spaghetti-boulettes de viande : laisser les boulettes cuites dans le poêlon, ajouter environ 1 l (4 tasses) de sauce tomate (du commerce ou voir p. 70), puis laisser mijoter le tout 5 min et servir sur des pâtes.

- Soupe : façonner des boulettes plus petites, les faire cuire directement dans un bouillon de bœuf, ajouter des épinards hachés et garnir de parmesan râpé. Servir avec un croûton de pain.

Pitas farcis à la marocaine

Manger avec les doigts, c'est permis !

Préparation : 5 min   Cuisson : 25 min   Portions : 6   **Se congèle**

125 ml	(1/2 tasse)	pignons
10 ml	(2 c. à thé)	huile
1		gros oignon en dés
500 g	(1 lb)	bœuf haché
15 ml	(1 c. à soupe)	cumin
2 ml	(1/2 c. à thé)	coriandre moulue
1 ml	(1/4 c. à thé)	cannelle moulue
2 ml	(1/2 c. à thé)	sel
1 boîte	(398 ml/14 oz)	tomates en dés
6		pains pita de 20 cm (8 po) de diamètre en moitiés
GARNITURE		laitue émincée et yogourt nature, au goût

Dans un petit poêlon, cuire les pignons à sec en les secouant de temps en temps, jusqu'à ce qu'ils soient légèrement grillés, environ 3 min. Réserver.

Dans un grand poêlon, chauffer l'huile et y faire revenir l'oignon 3 min ou jusqu'à ce qu'il soit attendri. Ajouter la viande hachée et la faire brunir en la défaisant en morceaux.

Ajouter le cumin, la coriandre, la cannelle, le sel et les tomates avec leur jus. Amener à ébullition, baisser le feu, puis laisser mijoter à découvert 15 min ou jusqu'à ce que le liquide se soit presque tout évaporé. Incorporer les pignons grillés.
Donne 12 demi-pitas.

Farcir les pitas du mélange, garnir de laitue émincée et de yogourt nature, et déguster.

MON ENFANT PEUT…

- Préparer lui-même son pita farci et le manger avec ses doigts !

TRUCS

- Doubler cette recette et congeler le surplus de la préparation à la viande.
- Avant de commencer la cuisson, rassembler tous les ingrédients ainsi que l'équipement à utiliser.

VARIANTES

- Servir le mélange de viande dans des tortillas roulées.
- Servir le mélange de viande sur un nid de riz basmati.

Ragoût de bœuf à la sauge

Voici une recette qui se congèle très bien en portions individuelles ou familiales.

Préparation : 30 min   Cuisson au four : 1 h   Portions : 6   **Se congèle**

15 ml	(3 c. à thé)	huile
800 g	(1 3/4 lb)	cubes de bœuf
2		gros oignons émincés
1 boîte	(398 ml/14 oz)	tomates en dés
125 ml	(1/2 tasse)	vin rouge ou bouillon de bœuf
2 ml	(1/2 c. à thé)	sauge moulue ou 10 ml (2 c. à thé) de sauge fraîche hachée
		sel et poivre

Préchauffer le four à 180 °C (350 °F).

Dans une grande casserole pouvant aller au four, chauffer 5 ml (1 c. à thé) d'huile. Y faire revenir la moitié des cubes de bœuf jusqu'à ce qu'ils soient dorés.

Mettre de côté. Ajouter 5 ml (1 c. à thé) d'huile et y faire revenir le reste des cubes. Réserver la viande au chaud.

Dans la même casserole, chauffer le reste de l'huile et y faire revenir l'oignon jusqu'à ce qu'il soit doré. Ajouter les tomates, le vin et la sauge. Remettre la viande dans la casserole. Saler, poivrer et bien mélanger.

Cuire au four 1 h. Servir avec une purée de pommes de terre.

trucs

- On peut préparer la purée de pommes de terre jusqu'à 2 h à l'avance. On la recouvre alors de lait et on la conserve dans un endroit chaud. Au moment de servir, on mélange pour incorporer le lait et redonner une certaine légèreté au mélange.
- Cuire de petites quantités de cubes de bœuf à la fois pour bien saisir la viande et ainsi éviter de la faire bouillir.

Sauté de bœuf à l'orange

La clé du succès pour réussir les mets sautés : avoir tous les ingrédients préparés à portée de main au moment de commencer la cuisson.

Préparation : 15 min   Cuisson : 15 min   Portions : 6

200 ml	(3/4 tasse)	jus d'orange
45 ml	(3 c. à soupe)	sauce hoisin
15 ml	(1 c. à soupe)	fécule de maïs
15 ml	(3 c. à thé)	huile de sésame
500 g	(1 lb)	surlonge de bœuf en lanières
2		gousses d'ail hachées
30 ml	(2 c. à soupe)	gingembre frais haché
750 ml	(3 tasses)	brocolis en bouchées ou environ 1/2 sac de 500 g (1 lb) de brocolis surgelés
75 ml	(1/3 tasse)	eau
1		poivron rouge ou jaune en lanières
6		oignons verts en tronçons de 2,5 cm (1 po)

Dans un bol, mélanger le jus d'orange, la sauce hoisin et la fécule de maïs. Réserver.

Dans un wok ou un grand poêlon, chauffer 5 ml (1 c. à thé) d'huile à feu élevé. Ajouter la moitié du bœuf et cuire 2 min ou jusqu'à ce qu'il ne soit plus rosé. Répéter l'opération avec 5 ml (1 c. à thé) d'huile et le reste du bœuf. Réserver au chaud.

Chauffer le reste (5 ml/1 c. à thé) de l'huile dans le wok. Ajouter l'ail et le gingembre, et cuire 30 s ou jusqu'à ce que le mélange soit odorant. Incorporer le brocoli et l'eau.

Couvrir et cuire, en brassant de temps en temps, 2 min ou jusqu'à ce que le brocoli grésille.

Incorporer le mélange de sauce hoisin réservé, le poivron et les oignons verts. Amener à ébullition et cuire en mélangeant 1 min ou jusqu'à ce que la sauce épaississe. Incorporer le bœuf réservé. Bien réchauffer.

Servir avec du riz basmati vapeur et saupoudrer de graines de sésame.

truc

- Pour éviter que le riz basmati ne soit collant, le rincer sous l'eau courante jusqu'à ce que l'eau devienne claire avant de le cuire ; puis le faire revenir dans l'huile avec les assaisonnements pour bien enrober les grains. Ajouter ensuite le liquide ; calculer 375 ml (1 1/2 tasse) de liquide pour 250 ml (1 tasse) de riz cru. Couvrir et laisser mijoter 20 min ou jusqu'à ce que le liquide soit absorbé.

variantes

- Remplacer le bœuf par des crevettes décortiquées non cuites, et procéder de la même façon.
- Remplacer le brocoli et le poivron par 2 courgettes tranchées et un paquet de 227 g (8 oz) de champignons coupés en quartiers.

Bifteck de flanc de bœuf grillé

Délicieux grillé au barbecue ou dans une poêle en fonte !

Préparation : 10 min   Cuisson : 15 min   Portions : 4

(MARINER 4 H)

30 ml	(2 c. à soupe)	vinaigre de vin rouge
15 ml	(1 c. à soupe)	huile
2		gousses d'ail émincées
10 ml	(2 c. à thé)	origan séché
5 ml	(1 c. à thé)	cumin
1 ml	(1/4 c. à thé)	poivre noir fraîchement moulu
1 ml	(1/4 c. à thé)	cayenne
2 ml	(1/2 c. à thé)	coriandre moulue
500 g	(1 lb)	bifteck de flanc de bœuf

Dans un petit bol, mélanger le vinaigre, l'huile, l'ail et les épices pour en faire une pâte. Frotter cette pâte sur tous les côtés du bifteck. Déposer dans une assiette, couvrir et laisser mariner au frigo pendant au moins 4 h ou toute la nuit.

Sur la grille huilée du barbecue, cuire le bifteck à feu vif environ 8 min de chaque côté. Laisser reposer 5 min et couper en tranches dans le sens contraire du grain.

Servir avec des pommes de terre salées (p. 73) et des tomates grillées (p. 73).

mon enfant peut…

- Mélanger les épices et en frotter la viande.

trucs

- Le bifteck de flanc possède une saveur incomparable, mais on peut aussi le remplacer par de la bavette.

- La poêle en fonte est tout indiquée pour faire cuire cette viande, car la fonte retient et distribue très bien la chaleur, et sa surface est antiadhésive. Votre poêle s'est empoussiérée dans l'armoire ? Il faudra la préparer : huiler l'extérieur et l'intérieur de la poêle et la mettre au four préchauffé à 150 °C (300 °F) pendant 1 h, la nettoyer en la frottant avec du gros sel à l'aide d'un papier absorbant, et bien l'essuyer. Si, malgré tout, elle rouille un peu, il faudra la traiter de nouveau.

Sauce bolognaise

Cette sauce n'a pas besoin de cuire très longtemps pour être savoureuse. L'ajout de lait peut sembler inhabituel, mais c'est la façon traditionnelle de préparer cette recette dans le nord de l'Italie.

Préparation : 10 min   Cuisson : 1 h   Portions : 8   *Se congèle*

15 ml	(1 c. à soupe)	huile
2		gousses d'ail hachées
2		gros oignons en dés
1		carotte en petits dés
2		feuilles de laurier
1		branche de romarin ou 5 ml (1 c. à thé) de romarin séché
		sel et poivre
1 kg	(2 lb)	bœuf haché
250 ml	(1 tasse)	vin rouge ou bouillon de bœuf
1 boîte	(156 ml/5 1/2 oz)	pâte de tomate
250 ml	(1 tasse)	eau
250 ml	(1 tasse)	lait

Dans un grand poêlon à fond épais, chauffer l'huile et y faire revenir l'ail, l'oignon et la carotte 10 min ou jusqu'à ce que les légumes soient tendres.

Ajouter le laurier et le romarin, saler et poivrer. Ajouter la viande hachée et cuire jusqu'à ce qu'elle ait perdu sa coloration rosée.

Ajouter le vin ou le bouillon et laisser mijoter 10 min ou jusqu'à ce que le liquide se soit presque tout évaporé.

Incorporer la pâte de tomate et l'eau. Laisser mijoter 15 min ou jusqu'à ce que l'eau se soit évaporée.

Ajouter le lait et laisser mijoter encore 15 min ou jusqu'à ce que le lait se soit évaporé ou presque. Cette sauce est particulièrement appréciée avec des tagliatelles cuites *al dente* et du parmesan.

truc

• Comment conserver le reste de la petite boîte de pâte de tomate lorsqu'une recette n'en demande qu'une ou deux cuillerées ? Une façon pratique : recouvrir un plateau à glaçons d'une pellicule de plastique et remplir les cavités de la pâte de tomate. Congeler le tout et, une fois congelés, retirer les « glaçons » de pâte de tomate et les déposer dans un sac hermétique. Ils se garderont jusqu'à 6 mois au congélateur. On peut aussi acheter la pâte de tomate en tube et prendre juste la quantité désirée.

Bifteck sauce champignons au café

Une préparation simplissime au goût « délissime » !

Préparation : 10 min   Cuisson : 15 min   Portions : 4

2 ml	(1/2 c. à thé)	cumin
2 ml	(1/2 c. à thé)	coriandre moulue
1 ml	(1/4 c. à thé)	sel
		poivre
15 ml	(3 c. à thé)	huile
500 g	(1 lb)	bifteck de surlonge de bœuf de 1 à 2 cm (1/2 à 3/4 po) d'épaisseur
1 paquet	(227 g/8 oz)	champignons frais en quartiers
4		oignons verts en tronçons de 1 cm (1/2 po)
3		gousses d'ail émincées
5 ml	(1 c. à thé)	cassonade
125 ml	(1/2 tasse)	café chaud
45 ml	(3 c. à soupe)	vinaigre balsamique

Dans un petit bol, mélanger le cumin, la coriandre et le sel. Ajouter du poivre au goût. Frotter le bifteck de ce mélange. Réserver.

Dans un grand poêlon, de préférence en fonte, chauffer 10 ml (2 c. à thé) d'huile à feu moyen-élevé. Y faire cuire le bifteck au degré de cuisson désiré ou environ 3 min de chaque côté. Transférer la viande cuite sur une planche, couvrir et laisser reposer.

Dans le même poêlon, ajouter le reste de l'huile et y faire revenir les champignons et les oignons verts 3 min ou jusqu'à ce qu'ils soient tendres.

Ajouter l'ail émincé et la cassonade, puis cuire 1 min en brassant. Ajouter le café, le vinaigre balsamique et le jus de viande accumulé sur la planche. Cuire la sauce 3 min pour intensifier les saveurs. Poivrer au goût.

Pendant ce temps, couper la viande en tranches fines dans le sens contraire du grain. Incorporer au contenu du poêlon et réchauffer quelques minutes.

Servir avec des pommes de terre rissolées et/ou des légumes racines rôtis (p. 66).

mon enfant peut…

- Mélanger le cumin, la coriandre, le sel et le poivre ;
- Frotter le bifteck de tous les côtés avec ce mélange.

Trucs

- Sachez qu'un couteau est moins dangereux aiguisé qu'émoussé. Avec ce dernier, il faudra exercer une pression plus forte sur la lame pour couper et prendre ainsi le risque de déraper. Pour éviter d'émousser la lame, ne faites pas tremper les couteaux et ne les utilisez que sur du bois ou du polyéthylène (planche de plastique) ; oubliez le verre, le granit ou le métal.
- Saisir la viande pour en rehausser la saveur et emprisonner les sucs. il s'agit de la cuire jusqu'à ce qu'elle se détache facilement du poêlon, puis de la retourner. Si elle colle ou se déchire lorsqu'on veut la soulever, c'est qu'elle n'est pas prête à être retournée.
- On peut laver les champignons plutôt que de les nettoyer à sec. C'est même plus rapide et l'humidité restante s'évapore à la cuisson.

variantes

- Pour une version plus piquante, ajouter du cayenne dans le mélange d'épices.
- Pour une présentation plus sophistiquée, servir la viande et les champignons sur un nid de feuilles d'épinards ou de cresson.

Tacos Tex-Mex

Une façon rapide et délicieuse d'inclure des haricots noirs à notre alimentation.

Préparation : 5 min   Cuisson : 20 min   Portions : 8   **Se congèle**

10 ml	(2 c. à thé)	huile
500 g	(1 lb)	bœuf haché
15 ml	(1 c. à soupe)	chili en poudre
5 ml	(1 c. à thé)	origan séché
2 ml	(1/2 c. à thé)	cayenne
1		poivron rouge en dés
250 ml	(1 tasse)	maïs en grains surgelé
1 boîte	(540 ml/19 oz)	haricots noirs rincés et égouttés
250 ml	(1 tasse)	eau
8		tortillas de 20 cm (8 po) de diamètre
GARNITURE		fromage râpé, tranches de tomate, tranches d'avocat, laitue émincée, yogourt nature

Dans un grand poêlon, chauffer l'huile à feu moyen-élevé et y faire brunir la viande avec le chili, l'origan et le cayenne en la défaisant à la cuillère.

Ajouter le reste des ingrédients (sauf les tortillas) et laisser mijoter à feu moyen-élevé 15 min ou jusqu'à ce que le liquide se soit presque entièrement évaporé.

Déposer un peu du mélange de viande au centre d'une tortilla, garnir de laitue, de tomate, d'avocat, de fromage et de yogourt, au goût, puis replier et déguster.

Mon enfant peut…
- Garnir sa tortilla.

Trucs
- Doubler la recette et congeler le surplus de la préparation à la viande.
- Pour les rendre plus savoureuses, réchauffer les tortillas à feu moyen dans un poêlon vide 10 s de chaque côté. Ou les mettre entre deux essuie-tout humides et les passer au micro-ondes environ 30 s.

Variante
- Servir le mélange de viande dans des pitas.

Veau

Casserole de rigatonis et saucisses

Voici une recette « 2 dans 1 » : un souper pour ce soir et un autre à congeler pour plus tard.

340 g	(3/4 lb)	saucisses de veau
500 g	(1 lb)	rigatonis
10 ml	(2 c. à thé)	huile
1		oignon en dés
2		gousses d'ail hachées
150 g	(5 oz)	épinards hachés, surgelés (1/2 sac)
1 boîte	(796 ml/28 oz)	tomates en dés
1 pincée		flocons de piment
1 boîte	(160 ml/5 oz)	lait évaporé
200 ml	(3/4 tasse)	mozzarella râpée

Préchauffer le four à 200 °C (400 °F). Retirer la chair des saucisses (jeter les enveloppes) et émietter. Réserver.

Dans une grande casserole d'eau bouillante salée, cuire les rigatonis jusqu'à ce qu'ils soient *al dente*. Égoutter et réserver.

Pendant ce temps, dans un grand poêlon, chauffer l'huile à feu moyen-élevé et y faire revenir l'oignon, l'ail, les épinards et la saucisse jusqu'à ce que l'oignon soit légèrement doré et les épinards dégelés.

Incorporer les tomates, les rigatonis cuits, les flocons de piment et le lait évaporé. Déposer le tout dans un plat allant au four. Saupoudrer de mozzarella.

Cuire au four 30 min ou jusqu'à ce que la surface soit dorée. Servir accompagné d'une salade verte.

Mon enfant peut...

- Retirer la chair des saucisses ;
- Râper le fromage.

Variantes

- Diviser la recette dans deux plats de cuisson, un pour le souper et l'autre à congeler. Sur le plat à congeler, omettre la mozzarella et, une fois la préparation complètement refroidie, couvrir d'une pellicule plastique, puis congeler. Au moment d'utiliser, retirer la pellicule et la remplacer par du papier d'aluminium, puis cuire sans dégeler environ 1 h 30. Enlever le papier d'aluminium, saupoudrer de mozzarella et faire gratiner sous le gril.
- Pour nettoyer la râpe à fromage, utiliser de l'eau froide qui durcira le fromage (l'eau chaude étend le fromage et gomme les trous de la râpe !).

Escalopes de veau aux pommes

La sauce parfumée à l'estragon souligne bien la finesse du veau et convient admirablement à l'acidité de la pomme.

Préparation : 10 min   Cuisson : 20 min   Portions : 6

10 ml	(2 c. à thé)	huile
6		escalopes de veau (700 g/1 1/2 lb au total)
1		gros oignon émincé
2		pommes pelées, tranchées finement
250 ml	(1 tasse)	bouillon de poulet ou jus de pomme
15 ml	(1 c. à soupe)	moutarde à l'ancienne
2 ml	(1/2 c. à thé)	estragon séché
		sel et poivre
45 ml	(3 c. à soupe)	yogourt nature
5 ml	(1 c. à thé)	fécule de maïs

Dans un grand poêlon, chauffer 5 ml (1 c. à thé) d'huile et y faire revenir les escalopes de veau 2 à 3 min de chaque côté ou jusqu'à ce qu'elles soient dorées. Réserver au chaud.

Ajouter le reste de l'huile au poêlon et y faire revenir l'oignon 5 min ou jusqu'à ce qu'il soit attendri. Ajouter les tranches de pomme, le bouillon de poulet, la moutarde et l'estragon, et râcler le fond du poêlon pour déglacer. Laisser mijoter 5 min ou jusqu'à ce que les pommes soient tendres. Saler et poivrer.

Mélanger le yogourt et la fécule de maïs. Incorporer au contenu du poêlon et cuire environ 1 min. Ajouter les escalopes de veau avec le jus de viande présent dans l'assiette. Réchauffer le tout.

Servir les escalopes avec du riz et des rubans de carotte (p. 72).

MON ENFANT PEUT…

- Peler et trancher les pommes sous la supervision d'un adulte ;
- Combiner la fécule de maïs au yogourt.

TRUCS

- La fécule de maïs prévient la séparation du yogourt lorsqu'on le chauffe.
- Pour enlever facilement le cœur d'une pomme coupée en deux, utiliser une cuillère à melon (ou cuillère parisienne). C'est plus rapide et plus facile qu'avec un couteau d'office.

VARIANTES

- Ajouter des champignons frais et remplacer 125 ml (1/2 tasse) de bouillon par une même quantité de vin blanc.
- Remplacer l'oignon par du poireau.

Ragoût de veau chasseur

L'appellation « chasseur » vient du mariage champignons, tomates et oignons.

15 ml	(3 c. à thé)	huile
570 g	(1 1/4 lb)	cubes de veau farinés
1		gros oignon en dés
1		gousse d'ail hachée
1 boîte	(540 ml/19 oz)	tomates en dés
1 boîte	(284 ml/10 oz)	champignons tranchés, égouttés
15 ml	(1 c. à soupe)	moutarde à l'ancienne
5 ml	(1 c. à thé)	herbes de Provence
250 ml	(1 tasse)	bouillon de poulet
		sel et poivre
30 ml	(2 c. à soupe)	crème 35 %

Dans un grand poêlon, chauffer 5 ml (1 c. à thé) d'huile et y faire revenir la moitié des cubes de veau jusqu'à ce qu'ils soient dorés. Mettre de côté. Ajouter 5 ml (1 c. à thé) d'huile et y faire revenir le reste du veau. Réserver.

Chauffer le reste de l'huile et y faire revenir l'oignon et l'ail jusqu'à ce qu'ils soient dorés. Ajouter les tomates et les champignons, et cuire quelques minutes en râclant le fond du poêlon pour déglacer. Incorporer la moutarde, les herbes de Provence et le bouillon de poulet. Remettre la viande dans le poêlon. Saler et poivrer.

Couvrir et laisser mijoter 30 min en brassant de temps en temps. À la fin de la cuisson, incorporer la crème.

Pendant ce temps, cuire des nouilles aux œufs et du brocoli.

MON ENFANT PEUT...

* Fariner les cubes de veau.

VARIANTE

* On peut utiliser des champignons frais et remplacer 125 ml (1/2 tasse) de bouillon par la même quantité de vin blanc.

Burgers de veau et champignons

Le secret de ces burgers juteux et savoureux : l'ajout de champignons frais.

Préparation : 10 min   Cuisson : 15 min   Portions : 8   Se congèle

1 paquet	(227 g/8 oz)	champignons frais
10 ml	(2 c. à thé)	huile
		sel
1		petit oignon
2		tranches de pain sans la croûte, déchiquetées
15 ml	(1 c. à soupe)	moutarde à l'ancienne
5 ml	(1 c. à thé)	herbes de Provence
500 g	(1 lb)	veau haché maigre
		sel et poivre
8		pains à burgers
GARNITURE		feuilles de laitue et tranches de tomate

- À l'aide du robot culinaire, hacher finement les champignons.

- Dans un poêlon antiadhésif, chauffer 5 ml (1 c. à thé) d'huile et y cuire les champignons. Saler légèrement.

- Toujours avec le robot culinaire, hacher finement l'oignon. Ajouter l'oignon aux champignons et continuer la cuisson jusqu'à ce que le liquide se soit évaporé.

- Mettre le mélange d'oignon et de champignons dans un bol, incorporer la mie de pain, la moutarde, les herbes de Provence et le veau. Saler et poivrer au goût. Façonner 8 galettes.

- Dans le même poêlon, ajouter le reste de l'huile et chauffer à feu moyen-élevé pour y saisir les galettes 5 min de chaque côté ou jusqu'à ce que la viande ait perdu sa coloration rosée.

- Mettre les galettes de viande dans les pains et garnir de laitue et de tomate.

Mon enfant peut...
- Aider à façonner les galettes.

Trucs
- Doubler la recette et congeler les galettes crues pour un usage ultérieur.
- Façonner des galettes (rondes ou rectangulaires) d'épaisseur égale. Elles cuiront plus uniformément.
- Humecter ses mains avec de l'eau ou les huiler pour éviter que la viande ne colle aux doigts.

Porc

Côtelettes de porc poire et gingembre

Pour une saveur plus estivale, remplacer les poires par des tranches de mangue ou de pêche fraîche.

30 ml	(2 c. à soupe)	jus d'orange
30 ml	(2 c. à soupe)	sauce soya
15 ml	(1 c. à soupe)	cassonade
5 ml	(1 c. à thé)	gingembre moulu
5 ml	(1 c. à thé)	cari
1 ml	(1/4 c. à thé)	poivre noir moulu
10 ml	(2 c. à thé)	huile
6		côtelettes de porc désossées (700 g/1 1/2 lb au total)
1 boîte	(398 ml/14 oz)	poires tranchées, égouttées
30 ml	(2 c. à soupe)	persil frais haché

Dans un petit bol, mélanger le jus d'orange, la sauce soya, la cassonade, le gingembre, le cari et le poivre jusqu'à ce que la cassonade soit dissoute. Réserver.

Dans un poêlon antiadhésif, chauffer l'huile à feu moyen-élevé. Y saisir les côtelettes 3 min de chaque côté. Retirer les côtelettes du poêlon et les réserver au chaud.

Verser le mélange de jus d'orange dans le poêlon et laisser mijoter de 2 à 3 min ou jusqu'à ce que la sauce ait réduit. Incorporer les poires pour les réchauffer.

Servir les côtelettes avec la sauce et les poires. Saupoudrer de persil. Délicieux avec des légumes grillés (p. 72).

mon enfant peut...

- Mélanger les ingrédients de la sauce.

truc

- Préparer le mélange de jus d'orange la veille et, pour une saveur plus prononcée, y faire mariner les côtelettes de porc au frigo jusqu'au lendemain.

variantes

- Remplacer les poires en conserve par 2 poires fraîches pelées et coupées en tranches épaisses.
- Les amateurs de gingembre frais pourront remplacer le gingembre moulu par 15 ml (1 c. à soupe) de gingembre râpé.

Côtelettes de porc pesto aux tomates

Profitez de l'été pour faire cuire ces côtelettes sur le barbecue !

Préparation : 5 min   Cuisson au four : 8 min   Portions : 6

6		côtelettes de porc désossées (570 g/1 1/4 lb au total)
		sel et poivre
60 ml	(4 c. à soupe)	pesto aux tomates (du commerce)

Positionner la grille du four à environ 15 cm (6 po) du gril et préchauffer le gril.

Déposer les côtelettes de porc sur une plaque de cuisson épaisse recouverte de papier parchemin. Saler et poivrer de chaque côté.

Cuire sous le gril 4 min ou jusqu'à ce que la viande ait perdu sa teinte rosée.

Retirer du four, retourner les côtelettes et les badigeonner de pesto. Poursuivre la cuisson sous le gril environ 4 min ou jusqu'à ce que les côtelettes soient cuites.

Servir avec la polenta au parmesan (p. 147) et des rubans de carotte (p. 72).

MON ENFANT PEUT...

- Saler et poivrer les côtelettes.

TRUC

- Pour congeler le pesto, maison ou du commerce, utiliser un emballage d'œuf en plastique : remplir les cavités, refermer le contenant et congeler. Utiliser seulement la quantité nécessaire.

VARIANTE

- Remplacer le porc par 500 g (1 lb) de filets de poulet ou de dindon.

Filet de porc à l'érable

Le filet de porc est au mieux lorsqu'on le sert encore rosé en son centre.
Contrairement à ce qu'on pourrait croire, c'est une viande très maigre.

Préparation : 10 min   Cuisson au four : 30 min   Portions : 6

45 ml	(3 c. à soupe)	farine
5 ml	(1 c. à thé)	poudre de moutarde
5 ml	(1 c. à thé)	sauge moulue
2		filets de porc (700 g/1 1/2 lb au total)
10 ml	(2 c. à thé)	huile
375 ml	(1 1/2 tasse)	bouillon de bœuf
75 ml	(1/3 tasse)	sirop d'érable
2		gousses d'ail hachées finement

Préchauffer le four à 200 °C (400 °F). Dans un sac hermétique, mélanger la farine, la moutarde sèche et la sauge. Déposer les filets de porc dans le sac, fermer et secouer pour bien les enrober du mélange.

Dans un poêlon, faire chauffer l'huile à feu élevé et y faire dorer les filets de porc de tous les côtés. Les déposer dans un plat allant au four.

Mélanger le bouillon de bœuf et le sirop d'érable, et verser sur les filets de porc. Saupoudrer l'ail haché sur les filets.

Préparer les pommes de terre salées (p. 73) et les mettre au four. En même temps, enfourner les filets de porc et cuire à découvert 30 min ou jusqu'à ce qu'un thermomètre à viande inséré au centre de la partie la plus charnue indique 70 °C (160 °F).

Transférer les filets de porc sur une planche à découper et les laisser reposer 5 min. Tailler en médaillons de 2,5 cm (1 po) d'épaisseur. Servir avec les pommes de terre et des pointes d'asperges.

mon enfant peut…

- Préparer le mélange de farine ;
- Enrober les filets de porc du mélange de farine ;
- Enrober les pommes de terre d'huile et les saler.

trucs

- Tester la cuisson des pommes de terre avec une fourchette plutôt qu'avec la pointe d'un couteau, car comme celle-ci pénètre plus facilement la chair, on peut croire qu'elle est cuite alors qu'elle ne l'est pas.
- Ne culpabilisez pas si les légumes ne sont pas fraîchement cueillis du jardin ou achetés au marché le matin même. Profitez plutôt du gain de temps qu'offrent les légumes préparés surgelés. Dans le même ordre d'idées, servir des légumes en conserve est toujours mieux que de ne pas en servir du tout !
- On peut aussi faire cuire des pommes de terre non pelées, coupées en quartiers, dans le plat de cuisson des filets de porc. Elles prendront le goût de la sauce au sirop d'érable.

variante

- Accompagner ce plat de la polenta au parmesan (p. 147).

Poulet

Enchiladas au poulet

Le mot *enchilada* signifie « assaisonné avec du piment ». Pour une version traditionnelle plus relevée, il suffit d'ajouter un piment jalapeño haché finement.

Préparation : 20 min   Cuisson au four : 10 min   Portions : 4

15 ml	(1 c. à soupe)	huile
1		oignon en dés
1		poivron rouge en fines lanières
500 g	(1 lb)	poitrines de poulet, sans la peau, en lanières
300 ml	(1 1/4 tasse)	salsa douce (du commerce)
1 paquet	(125 g/4 oz)	fromage à la crème coupé en cubes
5 ml	(1 c. à thé)	cumin
5 ml	(1 c. à thé)	chili en poudre
8		tortillas de 20 cm (8 po) de diamètre
250 ml	(1 tasse)	mozzarella râpée

Préchauffer le four à 190 °C (375 °F).

Dans un poêlon, cuire l'oignon et le poivron dans l'huile environ 5 min ou jusqu'à ce qu'ils soient attendris. Ajouter le poulet et cuire 5 min ou jusqu'à ce qu'il ait perdu sa teinte rosée.

Incorporer 50 ml (1/4 tasse) de salsa, le fromage à la crème, le cumin et le chili en poudre. Bien mélanger et cuire jusqu'à ce que le fromage soit fondu.

Déposer environ 75 ml (1/3 tasse) de garniture au centre de chaque tortilla. Rouler et placer, le pli en dessous, dans un plat allant au four de 23 x 33 cm (9 x 13 po).

Couvrir du reste de la salsa et saupoudrer de mozzarella. Cuire au four 10 min ou jusqu'à ce que le fromage soit fondu.

Servir accompagnés d'une salade de carotte.

MON ENFANT PEUT...

- Couper le fromage à la crème en cubes ;
- Déposer la garniture au centre de chacune des tortillas et les rouler.

variante

- On peut servir cette préparation sous la forme de burritos : on place la garniture au centre de la tortilla ; on replie le bas de la tortilla sur la garniture et on rabat chaque côté vers le centre. Et voilà, prêt à manger avec les doigts !

Poulet à la chinoise

Inspirée de l'auteure australienne Donna Hay, cette recette savoureuse, rapide et facile à réaliser met un peu d'exotisme dans le quotidien.

Préparation : 10 min   Cuisson : 15 min   Portions : 6

125 ml	(1/2 tasse)	mirin ou vin blanc
50 ml	(1/4 tasse)	sauce soya
4		oignons verts en tronçons de 1 cm (1/2 po)
15 ml	(1 c. à soupe)	gingembre frais émincé
15 ml	(1 c. à soupe)	cassonade
10 ml	(2 c. à thé)	huile de sésame
		flocons de piment
500 g	(1 lb)	poitrines de poulet, sans la peau

Dans un grand poêlon à revêtement antiadhésif, mélanger le mirin, la sauce soya, les oignons verts, le gingembre, la cassonade, l'huile et les flocons de piment. Amener à ébullition.

Couper les poitrines de poulet en deux dans le sens de l'épaisseur pour obtenir des tranches d'environ 1 cm (1/2 po) d'épaisseur.

Dans le poêlon, déposer les morceaux de poulet en une seule couche et cuire 5 min à feu moyen-élevé. Retourner les morceaux de poulet et poursuivre la cuisson 5 min ou jusqu'à ce qu'ils soient bien cuits. Retirer le poulet du poêlon et réserver au chaud.

Augmenter la chaleur et laisser réduire la sauce environ 3 min ou jusqu'à ce qu'elle devienne légèrement collante. Remettre le poulet dans le poêlon et bien l'enrober de la sauce.

Servir avec du riz vapeur et des pois mange-tout émincés ou des bok-choy miniatures.

MON ENFANT PEUT...

- Peler la racine de gingembre en la grattant avec le dos d'une cuillère ;

- Couper les oignons verts sous la supervision d'un adulte.

TRUC

- Commencer la préparation du repas par la cuisson du riz. Pour prendre de l'avance, préparer la sauce la veille et la conserver au frigo.

VARIANTES

- Le mirin est un produit à base de vinaigre de riz fermenté et de sirop de maïs. On le trouve au rayon des produits asiatiques. On peut aussi le remplacer par du vin blanc doux ou du sherry.

- Essayer cette recette avec des darnes de saumon, de thon ou même du tofu coupé en tranches d'environ 1 cm (1/2 po) d'épaisseur. Le temps de cuisson sera sensiblement le même.

Poulet *cacciatore*

Réchauffé le lendemain et servi avec des tranches de polenta grillées (p. 147),
ce repas est encore meilleur... lorsqu'il en reste !

Préparation : 10 min   Cuisson : 40 min   Portions : 6   Se congèle

30 ml	(2 c. à soupe)	huile
6		cuisses de poulet, sans la peau
		sel et poivre
1 boîte	(425 ml/15 oz)	ratatouille (du commerce ou voir p. 67)
1 boîte	(540 ml/19 oz)	tomates en dés
1		feuille de laurier
75 ml	(1/3 tasse)	vin rouge ou bouillon
45 ml	(3 c. à soupe)	persil frais haché

Dans une grande casserole, chauffer l'huile à feu moyen-élevé. Y faire revenir les cuisses de poulet 3 min de chaque côté ou jusqu'à ce qu'elles soient dorées. Saler et poivrer au goût. Retirer de la casserole et réserver au chaud.

Dans la même casserole, réchauffer la ratatouille, les tomates et la feuille de laurier avec le vin. Déposer les cuisses de poulet sur la ratatouille. Baisser le feu, couvrir presque complètement et laisser mijoter doucement 30 min ou jusqu'à ce que le poulet soit bien cuit.

Servir sur du riz blanc, des *capelli d'angelo* ou de la polenta au parmesan (p. 147). Saupoudrer de persil frais haché.

trucs

- On peut facilement doubler cette recette et la congeler en portions individuelles avec un peu de sauce dans des sacs hermétiques. Elles se conserveront jusqu'à 6 semaines. Au moment d'utiliser, décongeler les portions au frigo et les réchauffer doucement dans une casserole contenant un peu d'eau.

- Il est possible d'acheter des cuisses de poulet sans la peau pour économiser un peu de temps.

Couscous au poulet

Ce repas complet se sert traditionnellement avec une sauce piquante et/ou du harissa.

Préparation : 10 min   Cuisson : 30 min   Portions : 8   Se congèle

10 ml	(2 c. à thé)	huile
6		hauts de cuisse de poulet désossés, sans la peau
2		gros oignons tranchés finement
2		carottes en rondelles
2		courgettes en rondelles
1 boîte	(540 ml/19 oz)	tomates en dés
1 boîte	(540 ml/19 oz)	pois chiches, rincés et égouttés
500 ml	(2 tasses)	bouillon de poulet
10 ml	(2 c. à thé)	cumin
		cayenne, au goût
		sel

Dans un grand poêlon, faire revenir les hauts de cuisse dans l'huile à feu moyen-élevé 10 min ou jusqu'à ce qu'ils soient dorés de tous les côtés. Réserver au chaud.

Dans le même poêlon, faire revenir les oignons à feu moyen-élevé 5 min ou jusqu'à ce qu'ils soient dorés. Ajouter les carottes, les courgettes, les tomates, les pois chiches, le bouillon de poulet, le cumin et le cayenne.

Remettre les hauts de cuisse dans le poêlon. Saler. Couvrir et laisser mijoter 15 min ou jusqu'à ce que les carottes soient *al dente* et le poulet bien cuit.

Servir la préparation dans un nid de couscous et arroser le tout de la sauce.

truc

- Pour la cuisson du couscous, mesurer 375 ml (1 1/2 tasse) de liquide (bouillon ou eau salée) pour 250 ml (1 tasse) de couscous sec. Faire d'abord bouillir le liquide, puis retirer du feu. Ajouter le couscous, couvrir et laisser gonfler pendant environ 5 min. Mélanger ensuite à la fourchette pour alléger la texture et, si désiré, arroser d'un peu d'huile d'olive. Pour varier les saveurs, incorporer, au goût, de la menthe fraîche hachée, du zeste de citron, du cumin moulu ou tout simplement du persil frais haché.

variante

- On peut remplacer les hauts de cuisse par 3 poitrines de poulet sans la peau, coupées en gros morceaux de taille égale.

Poulet en sauce crémeuse au cari

Cette sauce parfumée au cari doit sa douceur et son onctuosité au lait évaporé.

Préparation : 10 min   Cuisson : 25 min   Portions : 5

45 ml	(3 c. à soupe)	farine
15 ml	(1 c. à soupe)	cari
2 ml	(1/2 c. à thé)	sel
15 ml	(1 c. à soupe)	huile
1		oignon émincé
2		gousses d'ail tranchées
500 g	(1 lb)	poitrines de poulet désossées, sans la peau, en cubes
250 ml	(1 tasse)	bouillon de poulet
1 boîte	(160 ml/5 oz)	lait évaporé
15 ml	(1 c. à soupe)	chutney à la mangue ou marmelade d'orange
15 ml	(1 c. à soupe)	coriandre fraîche hachée ou persil frais haché

Dans un bol, mélanger la farine, le cari et le sel. Réserver.

Dans un grand poêlon à revêtement antiadhésif, chauffer l'huile et y faire revenir l'oignon et l'ail 5 min ou jusqu'à ce qu'ils soient dorés.

Pendant ce temps, enrober les morceaux de poulet du mélange de farine et secouer pour enlever l'excédent. Dans le poêlon, ajouter le poulet aux oignons et le faire dorer de tous les côtés. Ajouter le bouillon et râcler le fond pour déglacer. Incorporer le lait, le chutney et le persil. Amener à ébullition et laisser mijoter 10 min ou jusqu'à ce que la sauce ait légèrement épaissi.

Servir sur un riz basmati avec des pois verts et du pain naan, un pain indien semblable au pain pita.

Mon enfant peut...

- Mélanger le cari, la farine et le sel ;
- Enrober les morceaux de poulet du mélange de farine.

Truc

- Laver les fines herbes fraîches au moment de les utiliser seulement. Bien les assécher et utiliser un couteau bien aiguisé pour en faciliter la coupe (les herbes doivent être coupées et non écrasées par la lame du couteau).

Variantes

- Pour un goût différent, remplacer le poulet par des cubes d'agneau ou de veau.
- Pour une saveur plus exotique, remplacer le lait évaporé par la même quantité de lait de coco. Il en existe des versions écrémées ou partiellement écrémées.

Poulet sur lit de fenouil

Si facile et rapide à préparer ! Il suffit de laisser cuire...

1		bulbe de fenouil en tranches épaisses
3		oignons en rondelles
250 ml	(1 tasse)	champignons tranchés
6		hauts de cuisse de poulet désossés, sans la peau
375 ml	(1 1/2 tasse)	sauce tomate (du commerce ou voir p. 70)
75 ml	(1/3 tasse)	crème 15 %

Préchauffer le four à 180 °C (350 °F).

Dans un plat peu profond allant au four, déposer les tranches de fenouil de façon à couvrir le fond. Parsemer le fenouil de l'oignon et des champignons. Déposer les hauts de cuisse sur les légumes. Arroser de la sauce tomate, puis de la crème.

Cuire au four à découvert 50 min ou jusqu'à ce que le poulet soit cuit. Servir avec des haricots verts et des nouilles aux œufs.

mon enfant peut...

- Couper les champignons sous la supervision d'un adulte ;
- Verser la sauce tomate puis la crème sur le poulet.

truc

- Pour parer le fenouil, couper les tiges, retirer la couche extérieure plutôt coriace du bulbe, puis le couper en deux pour en retirer le cœur. Les tiges peuvent être utilisées pour aromatiser un bouillon ou farcir une volaille à rôtir, et leur feuillage peut servir de garniture pour les soupes ou les pâtes.

variante

- On peut remplacer les hauts de cuisse par 3 poitrines de poulet, sans la peau, coupées en gros cubes.

Poulet en croûte de sésame et sa salade

Du poulet tendre recouvert d'un enrobage croustillant de sésame... cette recette deviendra vite un favori de votre famille.

Préparation : 20 min   Cuisson : 10 min   Portions : 6

500 g	(1 lb)	poitrines de poulet, sans la peau
1		œuf légèrement battu avec un peu d'eau
250 ml	(1 tasse)	graines de sésame
15 ml	(1 c. à soupe)	huile
2		concombres non pelés
15 ml	(1 c. à soupe)	vinaigre de riz
1 pincée		sucre
15 ml	(1 c. à soupe)	menthe fraîche émincée ou 5 ml (1 c. à thé) de menthe séchée
		flocons de piment

- Couper les poitrines en deux dans le sens de l'épaisseur pour obtenir des tranches uniformes de 1 cm (1/2 po) d'épaisseur.

- Tremper les morceaux de poulet dans l'œuf, puis les enrober de graines de sésame.

- Dans un grand poêlon, chauffer l'huile à feu moyen-élevé. Ajouter le poulet et le cuire de 3 à 4 min de chaque côté, ou jusqu'à ce qu'il soit doré et cuit.

- À l'aide d'une mandoline ou d'un économe, faire des rubans de concombre ou des tranches fines. Mettre les rubans dans un bol.

- Mélanger le vinaigre de riz avec le sucre, la menthe et les flocons de piment. Verser sur les concombres.

- Garnir les assiettes avec la salade de concombre et y déposer une poitrine de poulet.

- Servir avec des nouilles chinoises ou un riz vapeur et de la sauce hoisin ou de la sauce aux prunes.

Mon enfant peut...

- Enrober les morceaux de poulet de graines de sésame ;
- Préparer la vinaigrette.

Truc

- Pour relever légèrement une salade et lui donner une touche asiatique, il n'y a rien comme le petit côté sucré-salé du vinaigre de riz ! On peut remplacer le vinaigre de riz par du vinaigre de vin blanc additionné d'une pincée de sucre.

Variantes

- Pour une version végétarienne, remplacer le poulet par 500 g (1 lb) de tofu en tranches de 1 cm (1/2 po) d'épaisseur et faire cuire tel qu'indiqué ci-dessus.

- Si on en a le temps, faire mariner le poulet pendant 30 min dans un mélange de 50 ml (1/4 tasse) de saké, 30 ml (2 c. à soupe) de sauce soya et 10 ml (2 c. à thé) d'huile de sésame. Puis le faire cuire tel qu'indiqué ci-dessus.

Poulet 4 étapes

Seulement 5 minutes de préparation ! Et la cuisson sans souci vous permet de souffler un peu.

Préparation : 5 min   Cuisson au four : 55 min   Portions : 8   Se congèle

4		cuisses de poulet avec dos, sans la peau
		sel et poivre
		huile
8		tomates italiennes en deux
5 ml	(1 c. à thé)	basilic séché
5 ml	(1 c. à thé)	origan séché
10 ml	(2 c. à thé)	mélange d'assaisonnement à l'oignon (de type Ms. Dash) ou 10 ml (2 c. à thé) de ciboulette séchée
50 ml	(1/4 tasse)	liquide (vin, bouillon, jus de pomme ou eau)

Préchauffer le four à 190 °C (375 °F).

Saler et poivrer les cuisses de poulet et les déposer dans un grand plat allant au four légèrement huilé. Déposer les moitiés de tomate autour du poulet. Parsemer le poulet des assaisonnements. Ajouter le liquide.

Couvrir et cuire au four 45 min ou jusqu'à ce que le poulet soit cuit. Découvrir et cuire encore 10 min pour dorer le poulet.

Servir avec le fenouil en salade (p. 72), que l'on aura préparé pendant la cuisson du poulet.

MON ENFANT PEUT...

- Couper les tomates en deux ;
- Saupoudrer les assaisonnements et verser le liquide.

TRUCS

- Ce plat peut se préparer entièrement la veille. Le lendemain, il ne reste qu'à mettre au four.
- En règle générale, on peut remplacer les herbes fraîches par les herbes séchées à raison de 5 ml (1 c. à thé) d'herbes séchées pour 15 ml (1 c. à soupe) d'herbes fraîches.

Poulet aux légumes rôtis à la mexicaine

Ce savoureux repas « tout-en-un » s'accompagne bien d'une simple salade verte croquante.

Préparation : 15 min   Cuisson au four : 30 min   Portions : 7

60 ml	(4 c. à soupe)	huile
15 ml	(1 c. à soupe)	chili en poudre
10 ml	(2 c. à thé)	origan séché
2 ml	(1/2 c. à thé)	sel
2		oignons en quartiers
2		pommes de terre non pelées en quartiers
1 paquet	(227 g/8 oz)	champignons en quartiers
1 boîte	(341 ml/12 oz)	maïs en grains égoutté ou 250 ml (1 tasse) de maïs surgelé
375 ml	(1 1/2 tasse)	carottes miniatures
30 ml	(2 c. à soupe)	chapelure nature
500 g	(1 lb)	poitrines de poulet, sans la peau, en cubes

Préchauffer le four à 200 °C (400 °F).

Dans un petit bol, mélanger l'huile, le chili en poudre, l'origan et le sel. Dans un grand bol, mélanger tous les légumes. Verser la moitié du mélange d'huile sur les légumes et remuer pour bien les enrober. Déposer les légumes dans un grand plat allant au four.

Dans le même grand bol, déposer les cubes de poulet. Incorporer la chapelure au reste du mélange d'huile et verser sur le poulet. Bien mélanger pour enrober tous les cubes. Déposer le poulet sur les légumes.

Cuire au four, à découvert, 30 min ou jusqu'à ce que les légumes soient bien rôtis et le poulet cuit.

MON ENFANT PEUT…

- Couper les légumes ;
- Mélanger l'huile et les assaisonnements ;
- Mélanger les légumes et l'huile assaisonnée.

TRUCS

- Pour prendre de l'avance, on peut couper le poulet et les légumes (à l'exception des pommes de terre) la veille et les conserver dans des plats séparés.
- Pour préparer une variante de la frittata aux pommes de terre (p. 164), ajouter une ou deux pommes de terre de plus à la préparation de cette recette et réserver environ 500 ml (2 tasses) des légumes rôtis obtenus.

Poulet parmesan

De juteuses poitrines de poulet recouvertes de sauce tomate, puis gratinées comme au restaurant.

Préparation : 20 min **Cuisson au four : 15 min** **Portions : 6** **Se congèle**

45 ml	(3 c. à soupe)	chapelure nature
30 ml	(2 c. à soupe)	germe de blé
10 ml	(2 c. à thé)	origan séché
10 ml	(2 c. à thé)	basilic séché
		sel et poivre
500 g	(1 lb)	poitrines de poulet, sans la peau
10 ml	(2 c. à thé)	huile
375 ml	(1 1/2 tasse)	sauce tomate (du commerce ou voir p. 70)
125 ml	(1/2 tasse)	mozzarella râpée
45 ml	(3 c. à soupe)	parmesan râpé

Préchauffer le four à 200 °C (400 °F).

Dans un plat peu profond, mélanger la chapelure, le germe de blé, l'origan, le basilic, le sel et le poivre. Réserver.

Couper les poitrines de poulet en deux dans le sens de l'épaisseur pour obtenir des tranches d'environ 1 cm (1/2 po) d'épaisseur.

Tremper les escalopes de poulet dans le mélange de chapelure. Dans un grand poêlon à revêtement antiadhésif, faire chauffer l'huile et y faire dorer les escalopes environ 2 min de chaque côté.

Déposer dans un plat peu profond allant au four. Verser la sauce tomate sur les escalopes. Parsemer de mozzarella et de parmesan.

Cuire au four 15 min ou jusqu'à ce que la sauce bouillonne et que le fromage soit doré.

Servir avec des rondelles de courgette et des linguines arrosées d'huile d'olive.

mon enfant peut...

- Préparer le mélange de chapelure ;
- Enrober le poulet du mélange de chapelure ;
- Râper le fromage.

truc

- Pour respecter la règle, qui peut sembler irréalisable, des 5 portions de fruits et de légumes par jour, dites-vous qu'une portion correspond à une poignée de l'enfant qui doit l'avaler. Avec un jus de fruit le matin, un fruit en collation, au dîner et/ou au souper, un légume au dîner et au souper, le compte y sera.

variantes

- Si on a un poêlon assez grand, laisser les escalopes dans le poêlon, verser la sauce tomate, couvrir et laisser mijoter 10 min. Parsemer du fromage et cuire encore 5 min ou jusqu'à ce que celui-ci soit fondu.
- Remplacer la sauce tomate par des tranches de tomates fraîches : recouvrir les poitrines de poulet des tomates, puis garnir de quelques feuilles de basilic et saupoudrer des fromages mozzarella et parmesan. Faire cuire tel qu'indiqué ci-contre.
- Pour une version végétarienne, remplacer le poulet par 500 g (1 lb) de tofu coupé en tranches d'environ 1 cm (1/2 po) d'épaisseur et faire cuire tel qu'indiqué ci-contre.

Dindon

Chili aux haricots rouges

Cette recette santé a la saveur d'un plat longuement mijoté, mais elle se cuit en une heure.
Si vous craignez les plats épicés, allez-y doucement avec le piment...

| Préparation : 10 min | Cuisson : 1 h | Portions : 6 | **Se congèle** |

15 ml	(1 c. à soupe)	huile
1		oignon espagnol en dés
1		piment habañero épépiné, haché finement
2		gousses d'ail hachées finement
500 g	(1 lb)	dindon haché
15 ml	(1 c. à soupe)	chili en poudre
15 ml	(1 c. à soupe)	cumin
1		feuille de laurier
1		bâton de cannelle
1 bouteille	(341 ml/12 oz)	bière brune (de type Boréale Cuivrée, Bass, Griffon Rousse ou Belle Gueule Rousse)
1 boîte	(540 ml/19 oz)	haricots rouges, rincés et égouttés
GARNITURE		tomate fraîche en dés, coriandre fraîche hachée et yogourt nature

Dans une grande casserole, faire revenir l'oignon dans l'huile 5 min ou jusqu'à ce qu'il soit tendre. Ajouter le piment et l'ail, et cuire 3 min ou jusqu'à ce que le piment ait ramolli.

Ajouter le dindon haché et les épices, et cuire jusqu'à ce que le dindon ait perdu sa teinte rosée.

Incorporer la bière en râclant le fond pour déglacer. Ajouter les haricots rouges. Amener à ébullition, baisser le feu et laisser mijoter 45 min en brassant à l'occasion. Ajouter de l'eau si nécessaire pour ajuster la consistance.

Retirer le bâton de cannelle et la feuille de laurier. Servir avec des dés de tomate fraîche, de la coriandre fraîche et du yogourt nature.

Donne 1,5 l (6 tasses).

variantes

- Pour une version végétarienne, remplacer le dindon par un paquet (340 g/12 oz) de Sans-viande hachée. L'ajouter en fin de cuisson seulement, car il est précuit.
- Les piments doivent leur piquant aux graines et aux membranes blanches (placenta) qu'ils contiennent. Pour un plat vraiment piquant, utiliser le piment entier ; pour un goût moins fort, retirer d'abord les graines et les membranes.

trucs

- Éviter de se toucher le visage, la bouche ou les yeux après avoir manipulé le piment habañero. Certaines personnes préfèrent même le prendre avec des gants.
- Pour apaiser le piquant du piment, rien de mieux que les produits laitiers, grâce à leur contenu en caséine.

Dindon *piccata*

Ce plat express faible en gras deviendra vite un classique.

Préparation : 10 min   Cuisson : 10 min   Portions : 4

4		filets de dindon de 1 cm (1/2 po) d'épaisseur (500 g/1 lb au total)
45 ml	(3 c. à soupe)	farine
		sel et poivre
10 ml	(2 c. à thé)	huile
1		gousse d'ail hachée
125 ml	(1/2 tasse)	bouillon de poulet
		jus de 1 citron
15 ml	(1 c. à soupe)	câpres
2 ml	(1/2 c. à thé)	sucre
10 ml	(2 c. à thé)	beurre
15 ml	(1 c. à soupe)	persil frais haché

Fariner, saler et poivrer les filets de dindon.

Dans un grand poêlon, chauffer l'huile à feu moyen-élevé et saisir les filets de dindon de 2 à 3 min de chaque côté. Réserver au chaud.

Dans le même poêlon, faire revenir l'ail pendant quelques secondes. Ajouter le bouillon en déglaçant le fond du poêlon. Cuire 1 min et ajouter le jus de citron, les câpres et le sucre. Cuire encore 30 s et ajouter le beurre.

Verser la sauce sur les filets de dindon, saupoudrer de persil et servir avec du brocoli vapeur et de la polenta au parmesan (p. 147).

MON ENFANT PEUT…

- Extraire le jus du citron ;
- Fariner les filets de dindon.

TRUC

- Pour une cuisson uniforme, s'assurer d'avoir des filets d'épaisseur à peu près égale ; sinon, les trancher dans le sens de l'épaisseur ou les aplatir.

VARIANTE

- Cette sauce serait tout aussi savoureuse avec un filet de poisson blanc.

Macaronis à la mexicaine

Le dindon haché est économique et c'est l'une des viandes hachées les plus maigres qui soit.

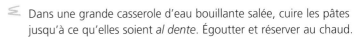

Préparation : 10 min   Cuisson : 15 min   Portions : 8   Se congèle

500 ml	(2 tasses)	macaronis
1		oignon moyen en dés
225 g	(1/2 lb)	dindon haché
10 ml	(2 c. à thé)	huile
1 boîte	(227 ml/8 oz)	salade aux 3 haricots marinés ou 250 ml (1 tasse) de légumineuses cuites
1 boîte	(213 ml/7 1/2 oz)	sauce tomate
1 boîte	(540 ml/19 oz)	tomates en dés
15 ml	(1 c. à soupe)	chili en poudre
50 ml	(1/4 tasse)	persil frais haché

Dans une grande casserole d'eau bouillante salée, cuire les pâtes jusqu'à ce qu'elles soient *al dente*. Égoutter et réserver au chaud.

Pendant ce temps, cuire l'oignon et le dindon dans l'huile jusqu'à ce que le dindon ait perdu sa teinte rosée et que l'oignon soit tendre. Incorporer les haricots, la sauce tomate, les tomates en dés, le chili en poudre et les macaronis cuits. Bien mélanger et cuire quelques minutes pour bien réchauffer le tout. Incorporer le persil frais et servir.

variantes

- Pour une version végétarienne, remplacer le dindon par un paquet (340 g/12 oz) de Sans-viande hachée. L'ajouter en fin de cuisson seulement, car il est précuit.

- Pour une saveur plus piquante, faire revenir un piment jalapeño haché finement avec l'oignon et le dindon.

Pain de viande

Le plat familial par excellence. Pour un accompagnement vite fait, glisser des pommes de terre au four au moment de cuire le pain de viande.

Préparation : 10 min   Cuisson au four : 1 h   Portions : 10   **Se congèle**

2		œufs
30 ml	(2 c. à soupe)	moutarde de Dijon
4		oignons verts hachés
570 g	(1 1/4 lb)	dindon haché
340 g	(3/4 lb)	veau haché
125 ml	(1/2 tasse)	germe de blé
30 ml	(2 c. à soupe)	câpres hachées
2 ml	(1/2 c. à thé)	sauge moulue
5 ml	(1 c. à thé)	sel
50 ml	(1/4 tasse)	sauce aux canneberges (maison ou du commerce)
		pommes de terre entières, non pelées

Préchauffer le four à 180 °C (350 °F).

Dans un bol, mélanger les œufs et la moutarde. Incorporer les oignons verts, le dindon, le veau, le germe de blé, les câpres, la sauge et le sel.

Étendre dans un moule à pain de 28 x 10 cm (11 x 4 po) non graissé. Au centre du pain de viande, faire une rigole dans le sens de la longueur et remplir de sauce aux canneberges.

Déposer le pain de viande sur une plaque de cuisson et disposer les pommes de terre tout autour du plat. Cuire au four 1 h ou jusqu'à ce que les pommes de terre soient cuites et qu'un thermomètre inséré au centre du pain de viande indique 70 °C (160 °F).

Servir avec de la sauce aux canneberges et du brocoli.

Mon enfant peut...

- Mélanger les œufs et la moutarde ;
- Façonner la rigole et y déposer la sauce aux canneberges.

Truc

- Préparer deux pains de viande à la fois. Couper le deuxième en tranches et les congeler individuellement.

Variante

- Remplacer la sauce aux canneberges par une sauce tomate aigre-douce. Dans une casserole, mélanger 1 boîte (398 ml/14 oz) de tomates en dés, 1 petit oignon haché finement, 50 ml (1/4 tasse) de vinaigre de vin rouge et 5 ml (1 c. à thé) de miel. Amener à ébullition à feu moyen. Réduire le feu et laisser mijoter, en mélangeant de temps en temps, 10 min ou jusqu'à épaississement. Saler et poivrer. Badigeonner la surface du pain de viande d'environ 30 ml (2 c. à soupe) de sauce avant de le faire cuire. Servir le reste de la sauce en accompagnement. Donne environ 500 ml (2 tasses) de sauce.

Rouleaux de dindon asiatiques

La préparation à la viande et les tortillas se congèlent. Pourquoi ne pas doubler la recette pour un repas minute santé sur demande !

10 ml	(2 c. à thé)	huile
500 g	(1 lb)	dindon haché
30 ml	(2 c. à soupe)	gingembre frais haché
2		gousses d'ail hachées
6		gros oignons verts tranchés
45 ml	(3 c. à soupe)	sauce hoisin
15 ml	(1 c. à soupe)	jus d'orange surgelé concentré, dégelé
30 ml	(2 c. à soupe)	eau
6		tortillas de 20 cm (8 po) de diamètre
GARNITURE		feuilles de laitue et carottes râpées

Dans un grand poêlon à revêtement antiadhésif, faire revenir le dindon haché dans 5 ml (1 c. à thé) d'huile 10 min ou jusqu'à ce qu'il ait perdu sa teinte rosée. Égoutter le gras et réserver le dindon haché.

Dans le même poêlon, chauffer le reste de l'huile et y faire revenir le gingembre et l'ail 30 s ou jusqu'à ce que le mélange soit odorant. Ajouter les oignons verts, la sauce hoisin, le jus d'orange, l'eau ainsi que le dindon réservé. Cuire quelques minutes pour réchauffer le tout.

Servir dans des tortillas chaudes garnies de laitue et de carottes râpées.

truc

- Choisir une racine de gingembre bien charnue et dont la peau est lisse et légèrement brillante.

variantes

- Remplacer le dindon haché par une poitrine de dindon sans la peau, coupée en lanières.
- Remplacer la laitue par du chou râpé et les carottes par du poivron rouge ou jaune en lanières.
- Pour une version « rouleau de printemps », remplacer les tortillas par des galettes de riz de 24 cm (9 1/2 po) de diamètre, réhydratées. Pour obtenir un rouleau plus solide, utiliser 2 galettes de riz par rouleau. Surtout, attendre que la préparation à la viande soit tiède avant de façonner les rouleaux.

Poisson

Croque-monsieur au thon

Le thon pâle (ou thon à queue jaune), comme celui qui est utilisé dans cette recette, contient en moyenne trois fois moins de mercure que le thon blanc (ou thon albacore).

Préparation : 10 min   Cuisson au four : 3 min   Portions : 4

4		tranches de pain de blé entier
1 boîte	(170 g/6 oz)	thon pâle émietté, bien égoutté
1		oignon vert haché finement
45 ml	(3 c. à soupe)	mayonnaise
45 ml	(3 c. à soupe)	cornichon à l'aneth haché finement
		sel et poivre
1		tomate tranchée
		quelques rondelles d'oignon rouge
125 ml	(1/2 tasse)	cheddar fort râpé

Préchauffer le gril du four.

Faire griller les tranches de pain au grille-pain.

Dans un bol, mélanger le thon avec l'oignon vert, la mayonnaise et le cornichon haché. Saler et poivrer. Tartiner les tranches de pain du mélange.

Recouvrir chacune de 2 tranches de tomate et de rondelles d'oignon rouge, et saupoudrer de fromage râpé.

Mettre sous le gril 2 à 3 min ou jusqu'à ce que le fromage bouillonne. Servir avec du fenouil en salade (p. 72).

MON ENFANT PEUT...

- Préparer le mélange de thon ;
- Tartiner les tranches de pain du mélange de thon ;
- Garnir les tranches de pain de tomate ;
- Râper le fromage.

VARIANTES

- Pour un brunch, utiliser du pain pumpernickel, remplacer le thon par du saumon fumé, garnir de rondelles d'oignon rouge et de quelques noisettes de fromage à la crème (omettre le cheddar) avant de passer sous le gril.
- Remplacer la mayonnaise par du yogourt nature.

Croquettes de saumon asiatiques

Cette recette originale est une source de bons gras oméga-3.

Préparation : 15 min   Cuisson : 10 min   Portions : 6   **Se congèle**

2 boîtes	(213 g/ 7 1/2 oz chacune)	saumon égoutté (sockeye, de préférence)
2		tranches de pain sans croûte, déchiquetées
1		œuf battu
20 ml	(4 c. à thé)	sauce hoisin
2		oignons verts hachés finement
15 ml	(1 c. à soupe)	gingembre frais haché finement
5 ml	(1 c. à thé)	huile de sésame
2		gousses d'ail hachées finement
		huile

Égoutter le saumon et enlever, si désiré, la peau et les arêtes (en laissant les arêtes, on bénéficie d'un apport en calcium). Incorporer le reste des ingrédients. Bien mélanger, en émiettant le saumon, jusqu'à homogénéité. Former 6 croquettes bien tassées d'environ 2 cm (3/4 po) d'épaisseur.

Recouvrir le fond d'une poêle d'une bonne couche d'huile et chauffer à feu moyen. Y faire dorer les croquettes 5 min de chaque côté ou jusqu'à ce qu'elles soient bien dorées (les retourner à l'aide d'une large spatule pour ne pas les briser).

Servir sur un lit de laitue ou de chou napa émincé avec une julienne de carottes, des vermicelles de riz et de la mayonnaise au sésame en accompagnement (recette ci-dessous).

Mayonnaise au sésame

Mélanger 30 ml (2 c. à soupe) de mayonnaise avec 30 ml (2 c. à soupe) de yogourt nature, 2 ml (1/2 c. à thé) de sauce soya, 2 ml (1/2 c. à thé) d'huile de sésame et 5 ml (1 c. à thé) de graines de sésame.

MON ENFANT PEUT...

- Déchiqueter les tranches de pain (et manger les croûtes !) ;
- Façonner les croquettes ;
- Préparer la mayonnaise au sésame.

TRUC

- Le gingembre frais se conserve dans un sac en plastique hermétique jusqu'à 3 semaines au frigo ou jusqu'à 3 mois au congélateur. Au besoin, trancher la portion nécessaire et ranger le reste.

Filets de poisson, sauce aux fines herbes

Idéal pour les soupers pressés ! Ce poisson se prépare et se cuit au micro-ondes en seulement 15 minutes.

Préparation : 10 min   Cuisson : 5 min   Portions : 5   Se congèle

10 ml	(2 c. à thé)	huile
700 g	(1 1/2 lb)	filets de poisson (flétan, morue ou sole)
45 ml	(3 c. à soupe)	beurre ramolli
30 ml	(2 c. à soupe)	persil frais haché ou 10 ml (2 c. à thé) persil séché
30 ml	(2 c. à soupe)	ciboulette fraîche hachée ou 10 ml (2 c. à thé) ciboulette séchée
15 ml	(1 c. à soupe)	jus de citron
10 ml	(2 c. à thé)	moutarde à l'ancienne
		sel et poivre
50 ml	(1/4 tasse)	vin blanc ou bouillon de poulet
		quartiers de citron

Huiler un grand plat pouvant aller au micro-ondes et y déposer les filets de poisson en une seule couche.

Dans un bol, préparer le beurre aromatisé en mélangeant le beurre, le persil, la ciboulette, le jus de citron et la moutarde pour obtenir une tartinade. Saler et poivrer. Recouvrir le poisson de ce mélange. Arroser du vin blanc.

Couvrir et cuire au micro-ondes, à la puissance maximale, 5 à 6 min ou jusqu'à ce que le poisson soit cuit.

Arroser de jus de cuisson, au goût, et servir avec un riz brun, des choux de Bruxelles et des quartiers de citron.

mon enfant peut...

- Mélanger les ingrédients du beurre aromatisé et en recouvrir le poisson.

trucs

- Comment savoir si un poisson est cuit ? En cuisant, sa chair perd son aspect luisant et translucide pour devenir opaque et ferme lorsqu'il est prêt.
- Doubler et même tripler les ingrédients du beurre aromatisé, façonner sous la forme de bûchettes et conserver jusqu'à 3 mois au congélateur.

variante

- Pour une saveur orientale, remplacer le jus de citron par du jus de lime, la moutarde à l'ancienne par du poivre fraîchement moulu et le persil par de la coriandre fraîche. Ajouter aussi un peu de zeste de lime.

Saumon grillé, sauce au yogourt

Sortez de la routine avec ce plat aux saveurs nouvelles prêt en moins d'un quart d'heure.

Préparation : 10 min   Cuisson : 5 min   Portions : 4

200 ml	(3/4 tasse)	yogourt nature
45 ml	(3 c. à soupe)	persil frais haché
30 ml	(2 c. à soupe)	jus de citron
30 ml	(2 c. à soupe)	huile
5 ml	(1 c. à thé)	cumin
2		gousses d'ail hachées finement
		sel et poivre
500 g	(1 lb)	filets de saumon frais
2		cœurs de laitue romaine, en feuilles
		quartiers de citron

Dans un bol, mélanger le yogourt, le persil, le jus de citron, 10 ml (2 c. à thé) d'huile, le cumin et les gousses d'ail. Saler et poivrer. Réserver.

Badigeonner les filets de saumon avec 10 ml (2 c. à thé) d'huile. Saler et poivrer.

Faire chauffer le reste de l'huile à feu moyen-élevé dans un poêlon antiadhésif. Déposer les filets de saumon, côté peau en dessous, puis couvrir et cuire 5 à 7 min ou jusqu'à ce que la chair soit presque opaque sur toute sa hauteur.

Déposer sur un lit de laitue romaine avec des quartiers de citron, garnir de la sauce au yogourt et servir. Accompagner de légumes grillés (p. 72).

MON ENFANT PEUT...

- Préparer la sauce au yogourt ;
- Dresser les assiettes avec la laitue.

TRUCS

- Le fait de conserver la peau du saumon protège sa chair délicate et assure une bonne tenue au filet. Une fois le poisson cuit, la peau se retire très facilement.
- Doubler les ingrédients de la sauce au yogourt : elle se sert aussi comme vinaigrette.

VARIANTES

- Remplacer les filets de saumon par des darnes de thon frais et cuire de la même manière.
- Le lendemain, servir les surplus de filets de saumon en salade avec de la laitue romaine, quelques tomates cerises et la sauce au yogourt.

Poisson catalan

Ne vous laissez pas impressionner par le titre. Il s'agit d'une recette rapide et facile qui ne requiert que du poisson bien frais.

Préparation : 10 min   Cuisson au four : 10 min   Portions : 5   **Se congèle**

20 ml	(4 c. à thé)	huile
700 g	(1 1/2 lb)	filets de poissons (flétan, morue ou sole)
1		petit oignon haché finement
1		gousse d'ail hachée finement
50 ml	(1/4 tasse)	vin blanc ou bouillon de poulet
1 boîte	(540 ml/19 oz)	tomates en dés
8		olives noires hachées
2 ml	(1/2 c. à thé)	origan séché
		sel et poivre

- Préchauffer le four à 260 °C (500 °F).

- Avec 10 ml (2 c. à thé) d'huile, huiler un grand plat pouvant aller au four et y déposer les filets de poisson en une seule couche.

- Dans un grand poêlon, chauffer le reste de l'huile à feu moyen-élevé et y faire revenir l'oignon 5 min ou jusqu'à ce qu'il soit doré. Ajouter l'ail et le vin, et laisser mijoter 1 min. Incorporer les tomates, les olives et l'origan. Saler et poivrer.

- Recouvrir le poisson de ce mélange. Cuire au four 10 min ou jusqu'à ce que le poisson soit cuit.

- Servir immédiatement avec un riz brun ou l'orzo fines herbes et citron (p. 139) et des haricots verts.

truc
- Le son et le germe du riz brun lui confèrent son agréable saveur de noisette et une bonne dose de vitamines, de minéraux et de fibres. Pour éviter qu'il ne rancisse, le conserver au frigo.

variante
- Remplacer les tomates en conserve par 6 tomates italiennes fraîches coupées en dés.

Pâtes et pizzas

Orzo fines herbes et citron

L'orzo est une pâte alimentaire dont la forme ressemble à un grain de riz.
Son nom signifie « langue d'oiseau » en italien.

Préparation : 5 min	Cuisson : 10 min	Portions : 5	**Se congèle**

375 ml	(1 1/2 tasse)	orzo
30 ml	(2 c. à soupe)	persil frais haché
30 ml	(2 c. à soupe)	ciboulette fraîche hachée
10 ml	(2 c. à thé)	huile
5 ml	(1 c. à thé)	zeste de citron
		sel et poivre

Dans une grande casserole d'eau bouillante salée, cuire l'orzo 8 min ou jusqu'à ce qu'il soit *al dente*. Égoutter et déposer dans un plat de service. Incorporer le reste des ingrédients. Saler et poivrer au goût.

Servir en accompagnement des côtelettes de porc pesto aux tomates (p. 106) ou du saumon grillé, sauce au yogourt (p. 135).

MON ENFANT PEUT...

- Couper la ciboulette à l'aide de ciseaux.

VARIANTE

- Pour une salade-repas, ajouter 500 ml (2 tasses) de poulet cuit coupé en bouchées ou une boîte de thon pâle en conserve, bien égoutté, ainsi que 375 ml (1 1/2 tasse) de haricots verts cuits coupés en morceaux de 2 cm (3/4 po), quelques olives noires et des tomates cerises coupées en moitiés.

Fusillis à la poêle

Les pâtes de blé entier contiennent jusqu'à 3 fois plus de fibres, ce qui augmente leur pouvoir de satiété et leurs bienfaits santé.

Préparation : 10 min   Cuisson : 20 min   Portions : 6   **Se congèle**

10 ml	(2 c. à thé)	huile
400 g	(14 oz)	bœuf haché
1		petit poireau tranché
1		gousse d'ail hachée
500 ml	(2 tasses)	fusillis, pennes ou macaronis de blé entier
1		courgette en rondelles
125 ml	(1/2 tasse)	céleri tranché
1 boîte	(796 ml/28 oz)	tomates en dés
15 ml	(1 c. à soupe)	sauce Worcestershire
5 ml	(1 c. à thé)	herbes de Provence
250 ml	(1 tasse)	eau
		sel et poivre

Dans un grand poêlon, chauffer l'huile à feu moyen-élevé et y faire revenir le bœuf haché. Cuire 3 min ou jusqu'à ce qu'il ait légèrement bruni.

Ajouter le poireau, l'ail et les pâtes et cuire 2 min, en brassant, pour bien enrober d'huile.

Ajouter la courgette, le céleri, les tomates, la sauce Worcestershire, les herbes de Provence et l'eau. Saler et poivrer. Amener à ébullition, baisser le feu et laisser mijoter à couvert 15 min ou jusqu'à ce que les pâtes soient cuites. Remuer de temps en temps et ajouter un peu d'eau au besoin.

Mon enfant peut...

- Couper les courgettes en rondelles sous la supervision d'un adulte.

Variantes

- Pour une version végétarienne, remplacer le bœuf haché par un paquet (340 g/12 oz) de Sans-viande hachée. L'ajouter en fin de cuisson seulement, car il est précuit.

- Pour une version plus crémeuse, incorporer 200 ml (3/4 tasse) de lait à la fin de la cuisson et réchauffer le tout avant de servir.

- Remplacer la courgette en rondelles par 375 ml (1 1/2 tasse) de haricots verts frais coupés en morceaux de 4 cm (1 1/2 po) de long.

Pâte à pizza

Le fast-food n'aura jamais eu si bon goût avec cette pâte à pizza maison ! Pour une croûte farcie comme au restaurant, incorporer des languettes de fromage dans la croûte au moment d'en façonner le pourtour.

Préparation : 10 min (attente 10 min)   Portions : 4 (500 g/1 lb)   Se congèle

250 ml	(1 tasse)	farine
250 ml	(1 tasse)	farine de blé entier
1 enveloppe		levure rapide ou levure instantanée
5 ml	(1 c. à thé)	sel
2 ml	(1/2 c. à thé)	sucre
200 ml	(3/4 tasse)	eau
5 ml	(1 c. à thé)	huile

Au robot culinaire, mélanger les farines, la levure, le sel et le sucre. Réserver.

Chauffer l'eau et l'huile au micro-ondes 1 min à la puissance maximale (la température de l'eau doit s'élever entre 52 et 55 °C/125-130 °F).

Mettre le robot culinaire en marche, verser l'eau et l'huile par le tube d'alimentation et mélanger jusqu'à la formation d'une boule de pâte. Continuer à mélanger 1 min pour pétrir la pâte.

Transférer la pâte sur une surface farinée, couvrir d'une pellicule plastique et laisser reposer 10 min. Façonner.

Donne une grande pizza ou 2 pizzas individuelles, ou encore 2 calzones.

Mon enfant peut...

- Actionner le robot culinaire ;
- Incorporer le liquide ;
- Façonner la pâte.

Trucs

- Noter le temps nécessaire pour atteindre la bonne température de l'eau avec votre micro-ondes. Cela vous servira les prochaines fois. Une eau trop chaude peut tuer la levure et l'inactiver, alors qu'une eau pas assez chaude n'activera pas la levure.
- Préparer la pâte la veille et la réfrigérer dans un sac en plastique hermétique. Avant de l'utiliser, la laisser reposer environ 15 min à la température ambiante. Pour des idées de garnitures et pour la cuisson, voir ci-contre.
- Préparer plusieurs boules de pâte et les congeler individuellement dans des sacs en plastique hermétiques. Une façon facile de prendre de l'avance pour les futures pizzas.

Pizzas party !

Livraison garantie en moins de 30 minutes !

Préparation : 15 min Cuisson au four : 10 min Portions : 4 Se congèle

500 g	(1 lb)	pâte à pizza fraîche (du commerce ou voir ci-contre)

IDÉES DE GARNITURE

- **Au pesto**
  Garniture : 45 ml (3 c. à soupe) de pesto au basilic et 4 tomates italiennes en tranches

  Fromage : 250 ml (1 tasse) de fontina ou havarti râpé

- **Provençale**
  Garniture : 250 ml (1 tasse) de ratatouille du commerce (ou p. 67) et 50 ml (1/4 tasse) d'olives noires tranchées

  Fromage : 250 ml (1 tasse) de provolone râpé et 50 ml (1/4 tasse) de parmesan râpé

- **Margharita**
  Garniture : 50 ml (1/4 tasse) de sauce tomate et environ une douzaine de feuilles entières de basilic frais

  Fromage : 250 ml (1 tasse) de mozzarella râpée

- **Aux artichauts**
  Garniture : 50 ml (1/4 tasse) de sauce tomate, un pot d'artichauts marinés, égouttés et coupés en quartiers et 30 ml (2 c. à soupe) de pignons grillés

  Fromage : 125 ml (1/2 tasse) de parmesan et 125 ml (1/2 tasse) d'asiago (ou cheddar fort) râpé

Préchauffer le four à 230 °C (450 °F).

Saupoudrer généreusement une plaque à pizza de 33 cm (13 po) de diamètre de semoule de maïs ou recouvrir la plaque de papier parchemin.

Rouler la pâte en un cercle de 30 cm (12 po) et déposer sur la plaque préparée. Façonner une bordure avec la pâte et la huiler légèrement.

Déposer la garniture puis le fromage de son choix sur la pâte.

Cuire au four de 10 à 12 min ou jusqu'à ce que le fromage soit doré.

Donne une pizza de 30 cm (12 po) de diamètre ou 2 pizzas de 15 cm (6 po).

- **Pepperoni-fromage**
  Garniture : 50 ml (1/4 tasse) de sauce tomate et une douzaine de tranches de pepperoni végétarien

  Fromage : 250 ml (1 tasse) de mozzarella râpée

- **Poulet-pomme**
  Garniture : 15 ml (1 c. à soupe) d'huile d'olive (à badigeonner sur la pâte), 90 g (3 oz) de poulet cuit, une demi-pomme tranchée et quelques noix de Grenoble grillées

  Fromage : 250 ml (1 tasse) de gruyère râpé

- **Poire-bleu**
  Garniture : 15 ml (1 c. à soupe) d'huile d'olive (à badigeonner sur la pâte), une demi-poire tranchée et 30 ml (2 c. à soupe) de pignons grillés

  Fromage : 90 g (3 oz) de fromage bleu émietté et 125 ml (1/2 tasse) de mozzarella râpée

Pâtes poulet et poivrons rôtis

Pour un repas végétarien, remplacer le poulet par 75 ml (1/3 tasse) de pignons grillés et 125 ml (1/2 tasse) de feta émiettée.

Préparation : 10 min   Cuisson : 10 min   Portions : 6

1 paquet	(375 g)	pâtes longues (capelli d'angelo, linguines)
125 ml	(1/2 tasse)	pesto au basilic
15 ml	(1 c. à soupe)	huile
2		gousses d'ail émincées
500 ml	(2 tasses)	poulet cuit, en lanières
125 ml	(1/2 tasse)	olives noires dénoyautées, en deux
1 pot	(170 ml/6 oz)	poivrons rouges rôtis, égouttés, en lanières
		sel et poivre
		parmesan râpé

Dans une grande casserole d'eau bouillante salée, cuire les pâtes jusqu'à ce qu'elles soient *al dente*. Conserver 250 ml (1 tasse) du liquide de cuisson, puis égoutter les pâtes et les réserver au chaud.

Diluer le pesto dans l'eau de cuisson réservée. Mettre de côté.

Pendant ce temps, dans un grand poêlon, faire chauffer l'huile à feu moyen et y faire revenir l'ail 30 s ou jusqu'à ce qu'il soit odorant. Incorporer le poulet et les olives, et cuire 3 min en mélangeant jusqu'à ce que le tout soit bien chaud.

Ajouter les pâtes, les poivrons et le pesto dilué au contenu du poêlon et bien mélanger.

Saler et poivrer.

Saupoudrer de parmesan et servir immédiatement avec une salade verte.

mon enfant peut...

- Mélanger le pesto à l'eau de cuisson ;
- Trancher les olives dénoyautées en deux.

truc

- Pour dénoyauter facilement des olives, les écraser une à la fois avec le plat de la lame d'un grand couteau. L'olive se fend en deux et le noyau jaillit.

variante

- Remplacer le poulet par du thon émietté en conserve.

Pâtes *presto* thon et tomates
— *Spaghetti al tonno e pomodoro*

Se prépare *illico presto* pour le souper.
Et le reste (lorsqu'il y en a !) se glisse dans la boîte à lunch le lendemain.

Préparation : 5 min	Cuisson : 10 min	Portions : 6	Se congèle

1 paquet	(375 g)	pâtes longues (linguines, capelli d'angelo, spaghettinis)
2 boîtes	(170 g/ 6 oz chacune)	thon pâle émietté, égoutté
1 contenant	(380 ml)	bruschetta (du commerce)
30 ml	(2 c. à soupe)	crème champêtre 35 %
		parmesan râpé

Dans une grande casserole d'eau bouillante salée, cuire les pâtes jusqu'à ce qu'elles soient *al dente*. Égoutter et remettre dans la casserole.

Incorporer le thon, la bruschetta et la crème. Bien mélanger, réchauffer et servir avec du parmesan.

MON ENFANT PEUT…

- Tester la cuisson des pâtes.

TRUC

- Une portion de pâtes longues sèches équivaut à une poignée un peu plus grosse qu'un 25 cents. Pour les pâtes courtes, on calcule environ 200 ml (3/4 tasse) par portion.

VARIANTE

- Remplacer le thon par la même quantité de saumon en conserve.

Pâtes sauce crémeuse au pesto

Pour accélérer la préparation du souper, faire bouillir l'eau de cuisson des pâtes avant de commencer à préparer la sauce.

Préparation : 5 min   Cuisson : 10 min   Portions : 6   **Végétarien**

1 paquet	(450 g)	pâtes longues (linguines, fettucines)
750 ml	(3 tasses)	lait
60 ml	(4 c. à soupe)	farine
1 paquet	(125 g/4 oz)	fromage à la crème, coupé en cubes
45 ml	(3 c. à soupe)	pesto au basilic
		sel et poivre
125 ml	(1/2 tasse)	pignons rôtis
		parmesan râpé

Dans une grande casserole d'eau bouillante salée, cuire les pâtes jusqu'à ce qu'elles soient *al dente*. Égoutter et réserver au chaud.

Pendant ce temps, dans une casserole, mélanger le lait et la farine à l'aide d'un fouet. Chauffer à feu moyen-élevé en brassant continuellement jusqu'à ce que la sauce mijote et épaississe.

Ajouter les cubes de fromage et mélanger jusqu'à ce qu'ils soient fondus.

Incorporer le pesto. Verser la sauce sur les pâtes réservées et bien mélanger. Saler et poivrer. Garnir de pignons et de parmesan râpé, et servir.

trucs

- Au moment de réchauffer une portion de pâtes, ajouter un peu de lait pour permettre à la sauce de retrouver son onctuosité.
- Le fait de rôtir les noix permet d'en faire ressortir la saveur. Les étendre sur une plaque de cuisson et les mettre au four à 180 °C (350 °F) pendant 5 à 8 min. Ou les rôtir dans un poêlon à feu moyen, en brassant souvent, pendant 3 à 4 min. On peut aussi déposer les noix dans une assiette de verre et les chauffer 4 à 5 min à la puissance maximale du micro-ondes. Dans tous les cas, les noix sont prêtes lorsqu'elles sont odorantes et brunies.

variantes

- Pour une saveur différente, remplacer le pesto au basilic par un pesto aux tomates.
- Remplacer la moitié du fromage à la crème par du fontina râpé, un fromage doux à saveur de noix qui fond très bien.
- Servir ces pâtes avec des saucisses de veau épicées, du chorizo ou quelques tranches de bacon ou de prosciutto cuits séparément.

Polenta au parmesan

Voici un plat d'accompagnement idéal pour le rôti de porc ou d'agneau, ou encore les saucisses grillées.

Préparation : 5 min   Cuisson : 10 min   Portions : 7

500 ml	(2 tasses)	eau
625 ml	(2 1/2 tasses)	bouillon de poulet
2 ml	(1/2 c. à thé)	sel
10 ml	(2 c. à thé)	beurre
250 ml	(1 tasse)	polenta instantanée (semoule de maïs précuite)
125 ml	(1/2 tasse)	parmesan râpé
		poivre

Dans une grande casserole, amener l'eau et le bouillon à ébullition. Ajouter le sel et le beurre et baisser la chaleur à feu moyen.

Ajouter la polenta en un filet continu et brasser continuellement pendant 5 min ou jusqu'à ce que la polenta se détache des parois de la casserole.

Retirer du feu et incorporer le parmesan. Poivrer au goût.

Servir immédiatement en accompagnement du poulet *cacciatore* (p. 113) ou du dindon *piccata* (p. 126).

variantes

- Garnir la polenta de 500 ml (2 tasses) de champignons tranchés (champignons de Paris, portobellos, porcini ou autres) revenus dans un peu d'huile et assaisonnés de 2 ml (1/2 c. à thé) de thym et de 5 ml (1 c. à thé) de vinaigre balsamique.

- Remplacer le parmesan par la même quantité de fontina râpé.

- Faire griller la polenta. Pour ce faire, verser la polenta encore chaude dans un plat en pyrex qu'on aura d'abord rincé à l'eau froide mais non essuyé, puis niveler la surface. Une fois la polenta solidifiée, la démouler et en faire des tranches. Les faire griller au four ou frire à la poêle dans l'huile. Garnir de sauce tomate, de noix de Grenoble ou de gorgonzola, et servir.

Raviolis sauce deux tomates

Cette sauce s'apprête tout aussi bien avec des linguines et quelques crevettes bien dodues en garniture.

Préparation : 5 min   Cuisson : 25 min   Portions : 7

**Végétarien
Se congèle**

2 paquets	(454 g chacun)	raviolis ou tortellinis au fromage congelés
500 ml	(2 tasses)	sauce tomate (du commerce ou voir p. 70)
45 ml	(3 c. à soupe)	pesto aux tomates séchées
5 ml	(1 c. à thé)	sucre
125 ml	(1/2 tasse)	crème 15 %
		poivre
		parmesan râpé

Dans une grande casserole d'eau bouillante salée, cuire les raviolis jusqu'à ce qu'ils soient *al dente*. Égoutter et réserver au chaud.

Dans la même casserole, réchauffer la sauce tomate avec le pesto et le sucre. Incorporer la crème et les raviolis cuits. Poivrer et réchauffer.

Saupoudrer les pâtes de parmesan et servir avec des légumes grillés (p. 72).

variante
- Utiliser des linguines et ajouter des palourdes en conserve et des flocons de piment pour une version *a la vongole*.

Tortellinis sauce ratatouille

Les pâtes se marient avec presque toutes les saveurs, pour le plus grand plaisir des cuisiniers pressés.

Préparation : 5 min   Cuisson : 15 min   Portions : 5

Végétarien
Se congèle

1 paquet	(454 g)	tortellinis au fromage congelés
500 ml	(2 tasses)	ratatouille (du commerce ou voir p. 67)
15 ml	(1 c. à soupe)	huile
		sel et poivre
		parmesan râpé

Dans une grande casserole d'eau bouillante salée, cuire les tortellinis jusqu'à ce qu'ils soient *al dente*. Égoutter et remettre dans la casserole.

Ajouter la ratatouille et l'huile, et bien mélanger. Saler, poivrer et réchauffer.

Servir immédiatement et saupoudrer de parmesan.

truc
- Au moment d'égoutter les pâtes, conserver de 250 à 500 ml (1 à 2 tasses) de l'eau de cuisson riche en amidon. Dès que les pâtes sont cuites, les mélanger avec la sauce et ajouter cette eau au besoin pour ajuster la consistance.

variante
- Garnir d'olives noires tranchées.

Linguines aux palourdes

Spaghettinis, vermicelles, *capelli d'angelo*… toute pâte longue peut s'utiliser dans cette recette.

Préparation : 5 min   Cuisson : 10 min   Portions : 7

1 paquet	(500 g)	linguines
30 ml	(2 c. à soupe)	huile
3		gousses d'ail émincées
2 boîtes	(284 ml/ 10 oz chacune)	petites palourdes, avec le jus
125 ml	(1/2 tasse)	vin blanc ou eau
		poivre
50 ml	(1/4 tasse)	chapelure nature
45 ml	(3 c. à soupe)	persil frais haché finement

Dans une grande casserole d'eau bouillante salée, cuire les pâtes jusqu'à ce qu'elles soient *al dente*. Égoutter et réserver au chaud.

Pendant ce temps, dans un grand poêlon antiadhésif, faire chauffer 15 ml (1 c. à soupe) d'huile à feu moyen. Y faire revenir l'ail pendant 1 à 2 min (ne pas le colorer). Ajouter les palourdes avec le jus et le vin. Laisser mijoter 2 min. Poivrer. Retirer du feu.

Dans un petit poêlon, chauffer le reste de l'huile à feu moyen. Ajouter la chapelure et faire revenir 2 à 3 min ou jusqu'à ce qu'elle soit dorée. Incorporer le persil.

Incorporer les pâtes cuites à la sauce aux palourdes. Mélanger jusqu'à ce que le tout soit chaud. Ajuster l'assaisonnement. Répartir les pâtes dans les assiettes et garnir du mélange de chapelure. Servir immédiatement.

variantes

- Remplacer les palourdes par des crevettes et ajouter environ 125 ml (1/2 tasse) d'eau de cuisson des pâtes pour remplacer le liquide des palourdes.
- Pour une version « crevettes et palourdes », remplacer une boîte de petites palourdes par 225 g (1/2 lb) de crevettes nordiques cuites.
- Pour un repas de fête, ajouter quelques palourdes fraîches en coquilles.

Végétarien

Tofu croustillant

La consommation quotidienne de soya peut réduire le cholestérol sanguin
et la perte osseuse chez les femmes ménopausées.

Préparation : 10 min   Cuisson : 15 min   Portions : 4   Végétarien

125 ml	(1/2 tasse)	graines de sésame
5 ml	(1 c. à thé)	gingembre moulu
5 ml	(1 c. à thé)	chili en poudre
5 ml	(1 c. à thé)	coriandre moulue
5 ml	(1 c. à thé)	cumin
2 ml	(1/2 c. à thé)	sel
1 paquet	(454 g/16 oz)	tofu extra-ferme
15 ml	(1 c. à soupe)	huile
45 ml	(3 c. à soupe)	mirin ou vin doux
45 ml	(3 c. à soupe)	eau

Dans un petit bol, mélanger les graines de sésame, le gingembre,
le chili en poudre, la coriandre, le cumin et le sel. Déposer dans
une assiette creuse.

Égoutter et éponger le tofu. Couper dans le sens de la longueur
en 6 tranches d'environ 1 cm (1/2 po) d'épaisseur. Enrober tous
les côtés des tranches du mélange d'épices et graines de sésame.
Réserver ce qui reste de ce mélange.

Dans un poêlon antiadhésif, faire chauffer l'huile à feu
moyen-élevé. Déposer les tranches de tofu et les faire griller 5 min
ou jusqu'à ce qu'elles soient dorées et croustillantes. Retourner
et cuire encore 5 min.

Mélanger le mirin et l'eau. Verser dans le poêlon et mélanger
de façon à enrober les tranches de tofu. Le liquide bouillonnera
et s'évaporera rapidement.

Servir immédiatement avec des nouilles chinoises ou du riz vapeur,
des tomates et concombres en salade (p. 68) et garnir du mélange
d'épices et de graines de sésame, si désiré.

Mon enfant peut...

* Préparer le mélange d'épices ;

* Enrober les tranches de tofu du mélange d'épices.

Truc

* Le tofu ferme ou extra-ferme est idéal pour ce genre de recette. Comme il est vendu dans un emballage contenant de l'eau,
bien l'assécher avant de l'utiliser pour lui permettre d'absorber le maximum de saveur. Pour ce faire, couper le tofu tel qu'il est
demandé dans la recette, le disposer entre deux feuilles de papier absorbant sur une plaque et recouvrir d'une deuxième plaque.
Pour exercer une pression, placer des boîtes de conserve dessus pendant environ 20 min.

Mozzarella en *carrozza*

En traduction libre, on pourrait dire « mozzarella en voiture ». Il s'agit en fait d'un sandwich grillé à la mozzarella.

Préparation : 15 min   Cuisson : 15 min   Portions : 4   Végétarien

250 ml	(1 tasse)	mozzarella râpée
30 ml	(2 c. à soupe)	mayonnaise
15 ml	(1 c. à soupe)	moutarde de Dijon
15 ml	(1 c. à soupe)	câpres égouttées
		poivre
8		tranches de pain de blé entier
3		œufs
200 ml	(3/4 tasse)	lait
75 ml	(1/3 tasse)	farine
1 pincée		cayenne
10 ml	(2 c. à thé)	huile

Préchauffer le gril du four.

Dans un bol, mélanger la mozzarella, la mayonnaise, la moutarde et les câpres. Poivrer. Tartiner 4 tranches de pain de ce mélange et recouvrir des 4 autres tranches.

Dans un petit bol, mélanger les œufs et le lait. Dans un autre bol, mélanger la farine et le cayenne. Tremper les deux côtés de chaque sandwich dans le mélange d'œuf et égoutter légèrement. Enrober du mélange de farine, puis retremper dans le mélange d'œuf.

Dans un grand poêlon pouvant aller au four, de préférence en fonte, faire chauffer 5 ml (1 c. à thé) d'huile à feu moyen-élevé. Y faire cuire 2 sandwichs à la fois, sans les retourner, pendant 2 min ou jusqu'à ce que le dessous soit doré.

Placer le poêlon sous le gril jusqu'à ce que les sandwichs soient gonflés et dorés. Répéter avec les 2 autres sandwichs.

Servir avec une salade verte bien croquante.

mon enfant peut...

- Râper le fromage ;
- Préparer le mélange de fromage ;
- Tremper les sandwichs dans l'œuf et les saupoudrer de farine.

variante

- Incorporer un peu de courgette râpée au mélange de mozzarella. Au préalable, bien essorer la courgette dans un linge pour enlever l'excédent d'eau.

Pois chiches à l'indienne

La cuisine d'aujourd'hui nous fait voyager dans le monde entier ! Goûtons ici des saveurs et des arômes typiques de l'Inde.

Préparation : 10 min   Cuisson : 25 min   Portions : 5

Végétarien
Se congèle

3		gousses d'ail
1 morceau		gingembre frais, pelé (4 cm/1 1/2 po de long)
1		gros oignon en quartiers
15 ml	(1 c. à soupe)	huile
15 ml	(1 c. à soupe)	cari
15 ml	(1 c. à soupe)	cumin
2		pommes de terre pelées, en dés (de variété Yukon Gold, de préférence)
375 ml	(1 1/2 tasse)	eau
50 ml	(1/4 tasse)	raisins de Corinthe
		sel
1 boîte	(540 ml/19 oz)	pois chiches, rincés et égouttés
200 ml	(3/4 tasse)	pois verts surgelés
		pitas de blé entier

À l'aide d'un robot culinaire ou d'un mélangeur à main, réduire l'ail et le gingembre en purée. Ajouter l'oignon et actionner par petits coups pour hacher ce dernier grossièrement.

Dans un grand poêlon, faire chauffer l'huile à feu moyen et y faire revenir le mélange d'oignon, en brassant, 10 min ou jusqu'à ce qu'il soit légèrement doré. Incorporer les épices.

Ajouter les pommes de terre, l'eau et les raisins. Saler et laisser mijoter 10 min ou jusqu'à ce que les pommes de terre soient cuites.

Incorporer les pois chiches et les pois verts. Couvrir et poursuivre la cuisson 5 min ou jusqu'à ce que les pois verts soient cuits.

Servir avec des pitas bien chauds et garnir de sauce yogourt, ail et menthe (p. 69).

mon enfant peut…

- Peler le morceau de gingembre et/ou les pommes de terre ;
- Rincer les pois chiches.

Trucs

- Si on n'a pas de raisins de Corinthe, utiliser des raisins Sultana hachés.
- Comment conserver les pommes de terre ? Pour éviter qu'elles ne verdissent et prennent un goût amer, conservez vos pommes de terre à l'abri de la lumière. De plus, durant la conservation, évitez les températures trop élevées qui favorisent l'apparition de germes, ainsi que les températures trop basses qui donnent un goût sucré aux pommes de terre et les font noircir à la cuisson. Seules les pommes de terre nouvelles devraient être conservées au frigo.

variante

- Servir le mélange de pois chiches sur un nid de riz basmati.

Orge champignons, épinards et feta

L'orge peut facilement remplacer le riz dans toutes les recettes, même les risottos, comme le démontre cette version.

Préparation : 10 min   Cuisson : 40 min   Portions : 5

Végétarien
Se congèle

10 ml	(2 c. à thé)	huile
1		oignon haché
500 ml	(2 tasses)	champignons tranchés
125 ml	(1/2 tasse)	épinards surgelés (8 pépites)
2		gousses d'ail émincées
250 ml	(1 tasse)	orge perlé
500 ml	(2 tasses)	bouillon de poulet ou de légumes
125 ml	(1/2 tasse)	feta émiettée
30 ml	(2 c. à soupe)	jus de citron
		sel et poivre

Dans une grande casserole, faire chauffer 5 ml (1 c. à thé) d'huile à feu moyen et y faire revenir l'oignon, les champignons, les épinards et l'ail pendant 8 min ou jusqu'à ce que l'oignon soit tendre et les épinards dégelés. Mettre les légumes de côté.

Dans la même casserole, chauffer le reste de l'huile et y faire revenir l'orge pour bien l'enrober d'huile.

Ajouter le bouillon et amener à ébullition. Réduire le feu, couvrir et laisser mijoter 20 à 30 min jusqu'à ce que l'orge soit cuit.

Incorporer les légumes cuits, la feta et le jus de citron. Saler et poivrer. Laisser reposer quelques minutes avant de servir.

MON ENFANT PEUT...

- Émietter la feta ;
- Presser le citron.

TRUC

- Pour accélérer la préparation, acheter des champignons prétranchés.

VARIANTES

- Ajouter quelques tranches de bacon cuit, émiettées.
- Ajouter quelques crevettes décortiquées, cuites.
- Ajouter des merguez ou du chorizo cuits, en bouchées.

Œufs

Frittata au brocoli

Pour un souper léger, servir cette frittata avec une salade verte ou les tomates et concombres en salade (p. 68). On peut aussi la couper en pointes et la servir comme hors-d'œuvre.

Préparation : 15 min   Cuisson au four : 30 min   Portions : 6

10 ml	(2 c. à thé)	huile
30 ml	(2 c. à soupe)	chapelure nature
125 ml	(1/2 tasse)	cheddar fort râpé
4		œufs
250 ml	(1 tasse)	lait
10 ml	(2 c. à thé)	moutarde de Dijon
1 ml	(1/4 c. à thé)	sel
750 ml	(3 tasses)	brocolis frais en bouchées
90 g	(3 oz)	tranches de bacon de dos en dés

Préchauffer le four à 180 °C (350 °F).

Huiler légèrement le fond et les côtés d'une assiette à tarte de 23 cm (9 po) de diamètre. Couvrir le fond et les côtés de l'assiette avec la chapelure. Déposer le fromage au fond de l'assiette. Réserver.

Dans un grand bol, mélanger les œufs, le lait, la moutarde et le sel. Réserver.

Faire cuire le brocoli jusqu'à ce qu'il soit tendre. Refroidir sous l'eau froide, bien égoutter et couper grossièrement. Réserver.

Dans un poêlon, faire revenir le bacon jusqu'à ce qu'il soit bien cuit. Incorporer le brocoli et le bacon au mélange d'œufs. Verser dans l'assiette préparée.

Cuire au four 30 min ou jusqu'à ce que le dessus de la frittata soit doré.

Laisser refroidir légèrement et servir.

mon enfant peut...

- Préparer l'assiette de cuisson ;
- Mélanger les œufs, le lait, la moutarde et le sel.

truc

- Conserver les œufs dans leur emballage original, car leur coquille est très perméable aux odeurs. Éviter également de les placer dans la porte du frigo, car la température y est moins stable.

variante

- Remplacer le bacon de dos par des dés de jambon fumé.

Œufs à la carte

En panne d'inspiration et de temps ? Voici un repas qui plaira à tous,
puisque chacun y ira de la garniture de son choix. Parfait pour le brunch du dimanche !

Préparation : 15 min   Cuisson au four : 10 min   Portions : 6

6		tranches de pain de 2 cm (3/4 po) d'épaisseur
15 ml	(1 c. à soupe)	beurre
6		œufs
		poivre

- Préchauffer le four à 200 °C (400 °F).

- Beurrer un seul côté des tranches de pain. Les déposer, côté beurré en dessous, sur une plaque de cuisson recouverte de papier parchemin.

- Avec les doigts, former un creux au centre de la tranche en écrasant le pain.

- Y casser un œuf sans crever le jaune. Ajouter l'une des garnitures ci-contre. Poivrer.

- Cuire au four 10 min ou jusqu'à ce que le fromage soit fondu et l'œuf presque cuit.

- Servir avec une salade mesclun.

Idées de garniture
(pour une portion)

- **Jambon-fromage**
  Une tranche de jambon et environ 30 ml (2 c. à soupe) de gruyère râpé.

- **Asperge-cheddar fort**
  Deux asperges cuites et coupées en morceaux, et environ 30 ml (2 c. à soupe) de cheddar fort râpé.

- **Tomate-parmesan**
  Une tomate italienne tranchée et environ 30 ml (2 c. à soupe) de parmesan râpé.

- **Bacon-bleu**
  Une ou deux tranches de bacon de dos cuites et coupées en dés et environ 30 ml (2 c. à soupe) de fromage bleu émietté.

- **Champignon-emmenthal**
  Deux champignons tranchés finement et environ 30 ml (2 c. à soupe) d'emmenthal râpé.

Mon enfant peut...

- Beurrer les tranches de pain ;

- Écraser le centre de chaque tranche de pain ;

- Choisir et préparer lui-même sa garniture.

Truc

- Pour vérifier la cuisson de l'œuf, agiter quelque peu la plaque de cuisson. L'œuf devrait trembloter encore. Il continuera à cuire après sa sortie du four.

Frittata aux pommes de terre

Les frittatas se préparent très bien à l'avance. On peut les servir comme plat principal ou en hors-d'œuvre à la température ambiante ou légèrement réchauffées.

Préparation : 15 min   Cuisson : 25 min   Portions : 5   Végétarien

15 ml	(3 c. à thé)	huile
2		pommes de terre moyennes, en deux, tranchées finement
2		gros oignons en deux, tranchés finement
30 ml	(2 c. à soupe)	ciboulette fraîche hachée ou 10 ml (2 c. à thé) ciboulette séchée
5 ml	(1 c. à thé)	sel
		poivre
6		œufs
45 ml	(3 c. à soupe)	persil frais haché

Dans un grand poêlon antiadhésif pouvant aller au four, faire chauffer 10 ml (2 c. à thé) d'huile à feu moyen-élevé. Y faire revenir les pommes de terre, les oignons et la ciboulette. Saupoudrer de 2 ml (1/2 c. à thé) de sel.

Faire cuire, en brassant de temps en temps, 15 min ou jusqu'à ce que les légumes soient tendres et dorés. Transférer dans un grand bol, poivrer et laisser refroidir quelque peu.

Dans un autre bol, fouetter les œufs avec le persil. Incorporer le reste du sel. Verser sur les légumes tiédis et bien mélanger.

Dans le même poêlon, faire chauffer les 5 ml (1 c. à thé) d'huile restants à feu moyen-élevé. Verser le mélange d'œufs et de légumes pour couvrir tout le fond du poêlon. Cuire 5 min ou jusqu'à ce que les côtés soient dorés.

Placer la grille du four à environ 15 cm (6 po) du gril et préchauffer le gril.

Recouvrir le manche du poêlon d'une double épaisseur de papier d'aluminium pour éviter qu'il ne brûle sous le gril.

Déposer le poêlon sous le gril du four et cuire 2 min ou jusqu'à ce que la frittata soit cuite jusqu'au centre.

Glisser la frittata sur une assiette et laisser reposer quelques minutes. Couper et servir avec une salade d'épinards.

variante

- Utiliser environ 500 ml (2 tasses) des légumes rôtis mis de côté lors de la cuisson du poulet aux légumes rôtis à la mexicaine (p. 121), y incorporer le mélange d'œufs et suivre le même mode de cuisson.

mon enfant peut...

- Casser les œufs ;
- Trancher les pommes de terre et les oignons sous la supervision d'un adulte.

Quiche à la grecque

Préparez deux quiches en même temps. Une fois cuites,
vous pourrez en faire provision en les congelant.

Préparation : 15 min   Cuisson au four : 30 min   Portions : 5

Végétarien
Se congèle

5 ml	(1 c. à thé)	huile
1		petit oignon haché
1		fond de tarte de 23 cm (9 po) de diamètre, non cuit
1 boîte	(398 ml/14 oz)	artichauts égouttés, en quartiers, épongés
50 ml	(1/4 tasse)	épinards hachés surgelés, dégelés, bien essorés (ou 5 pépites)
90 g	(3 oz)	feta émiettée
4		œufs
125 ml	(1/2 tasse)	lait
1 ml	(1/4 c. à thé)	graines de fenouil
		poivre
50 ml	(1/4 tasse)	olives noires en rondelles

- Préchauffer le four à 190 °C (375 °F).
- Dans un petit poêlon, chauffer l'huile et y faire revenir l'oignon 5 min ou jusqu'à ce qu'il soit tendre. Réserver.
- Disposer les quartiers d'artichauts au fond de la croûte de tarte.
- Mélanger l'oignon cuit, les épinards, la feta, les œufs, le lait et les graines de fenouil. Poivrer.
- Verser le mélange d'œuf dans la croûte de tarte garnie. Parsemer des rondelles d'olives noires.
- Déposer la quiche sur une plaque de cuisson et cuire au four 30 min ou jusqu'à ce que le dessus soit doré.
- Servir avec des quartiers de tomates fraîches.

MON ENFANT PEUT...

- Casser les œufs ;
- Couper les artichauts ;
- Égoutter les épinards et émietter la feta.

TRUC

- Pour une croûte de tarte plus feuilletée et moins humide, déposer la tarte, le pâté ou la quiche sur une plaque de cuisson, surtout s'il s'agit d'une assiette d'aluminium, et mettre au four.

VARIANTES

- Omettre la croûte et procéder de la même façon que pour la frittata au brocoli (p. 161).
- Pour une version plus sophistiquée, remplacer la croûte de tarte par une croûte de feuilles de pâte filo.

Desserts

Crêpes au fromage frais

Des crêpes encore plus moelleuses agrémentées d'une farce onctueuse. Comment résister ?

Préparation : 20 min   Cuisson au four : 10 min   Portions : 4

Se congèle (sans garniture)

CRÊPES

200 ml	(3/4 tasse)	farine
250 ml	(1 tasse)	lait
2		œufs
15 ml	(1 c. à soupe)	sucre
5 ml	(1 c. à thé)	vanille
1 ml	(1/4 c. à thé)	sel

GARNITURE

3 contenants	60 g	fromage frais (de type Danone)
		compote de pommes ou de pêches

À l'aide d'un robot culinaire, mélanger tous les ingrédients des crêpes jusqu'à ce que la préparation soit homogène. Transférer dans un bol.

Huiler légèrement le fond d'un poêlon antiadhésif de 15 cm (6 po) et chauffer à feu moyen. Verser environ 60 ml (4 c. à soupe) du mélange en tournant le poêlon pour bien couvrir le fond.

Cuire environ 30 s ou jusqu'à ce que le dessous de la crêpe soit doré. Sans avoir cuit le dessus, la déposer dans une assiette. Répéter l'opération avec le reste de la pâte en empilant les crêpes cuites. Donne 12 crêpes.

Préchauffer le four à 190 °C (375 °F).

Huiler légèrement un plat rectangulaire de 23 x 33 cm (9 x 13 po).

Déposer environ 15 ml (1 c. à soupe) de fromage frais au centre de chaque crêpe. Replier le haut et le bas vers le centre, puis les côtés.

Déposer les crêpes, le côté replié en dessous, dans le moule préparé. (On peut préparer la recette jusqu'à cette étape, puis couvrir et réfrigérer jusqu'au lendemain.)

Cuire au four 10 min ou jusqu'à ce qu'un couteau inséré au centre de la crêpe en ressorte chaud. Servir avec de la compote de pommes ou de pêches.

MON ENFANT PEUT...

- Farcir et plier les crêpes.

VARIANTE

- Manger les crêpes chaudes avec le fromage frais froid, pour un contraste de température.

Boisson veloutée

Pour agrémenter votre petit-déjeuner ou calmer une fringale d'après-midi, rien de tel que cette boisson nutritive !
Dans le grand casse-tête alimentaire, misez sur une nouvelle pièce : les yogourts probiotiques. Les probiotiques,
surtout ceux qui sont issus de la souche BL, contribuent au bon fonctionnement du système digestif (voir p. 47).
À déguster tous les jours !

Préparation : 5 min   Portions : 2

250 ml	(1 tasse)	lait
125 ml	(1/2 tasse)	jus d'orange
125 ml	(1/2 tasse)	yogourt probiotique à la vanille (de type Activia)
30 ml	(2 c. à soupe)	poudre de lait écrémé
15 ml	(1 c. à soupe)	mélange pour lait au chocolat

Dans la jarre du mélangeur ou à l'aide d'un mélangeur à main, réduire tous les ingrédients en purée lisse. Savourer.

mon enfant peut...

- Préparer lui-même sa boisson veloutée, sous la supervision d'un adulte (s'assurer que le mélangeur soit bien hermétique).

variantes

- Pour un extra de fibres, ajoutez 15 ml (1 c. à soupe) de son d'avoine par portion de 250 ml (1 tasse).
- Pour un extra d'oméga-3, ajoutez 5 ml (1 c. à thé) d'huile de lin par portion de 250 ml (1 tasse).

Gâteau de fête à décorer

Quoi de plus amusant que de décorer soi-même sa part de gâteau avec... des bonbons !

Préparation : 15 min   Cuisson au four : 30 min   Portions : 10   **Se congèle**

125 ml	(1/2 tasse)	farine
125 ml	(1/2 tasse)	farine de blé entier
125 ml	(1/2 tasse)	cacao en poudre
2 ml	(1/2 c. à thé)	sel
75 ml	(1/3 tasse)	brisures de chocolat
300 ml	(1 1/4 tasse)	cassonade pâle, tassée
50 ml	(1/4 tasse)	huile de canola
50 ml	(1/4 tasse)	yogourt nature ou babeurre
2		œufs
10 ml	(2 c. à thé)	vanille
10 contenants de 60 g		fromage frais (de type Danone)
		bonbons variés

- Préchauffer le four à 180 °C (350 °F).

- Huiler légèrement un plat carré de 23 cm (9 po) et saupoudrer de farine. Réserver.

- Dans un petit bol, mélanger les farines, le cacao et le sel. Incorporer les brisures de chocolat. Réserver.

- Dans un grand bol, battre la cassonade, l'huile, le yogourt, les œufs et la vanille jusqu'à ce que le mélange soit homogène. Incorporer les ingrédients secs avec les brisures de chocolat en remuant juste assez pour humecter les ingrédients secs.

- Verser dans le moule préparé. Cuire au four 30 min ou jusqu'à ce qu'un cure-dents inséré au centre du gâteau en ressorte propre. Laisser refroidir et couper en portions de formes variées.

- Servir avec un contenant de fromage frais et offrir les bonbons en garniture pour permettre à chacun de créer son propre chef-d'œuvre à manger !

MON ENFANT PEUT...

- Tester la fraîcheur des brisures de chocolat pendant qu'on prépare le gâteau...

- Laisser libre cours à sa fantaisie (et à sa gourmandise) pour décorer son gâteau.

VARIANTES

- Pour une version « picotée », utiliser des brisures de chocolat blanc.
- Pour une version plus rafraîchissante, mettre les contenants de fromage frais au congélateur et les servir congelés.
- Pour une version amusante, utiliser des emporte-pièces de formes variées : en cercle, en losange, en cœur...

Carrés aux dattes et à l'orange

Réconfortants comme on les aime, en collation ou comme dessert, ils sont meilleurs encore chauds et sont garantis sans gras trans…

Préparation : 20 min   Cuisson au four : 30 min   Portions : 16   **Se congèle**

500 g	(1 lb)	dattes séchées, dénoyautées
1		grosse orange pelée, en petits morceaux
125 ml	(1/2 tasse)	jus d'orange
375 ml	(1 1/2 tasse)	flocons d'avoine à l'ancienne (ou à gros flocons)
375 ml	(1 1/2 tasse)	farine
250 ml	(1 tasse)	cassonade pâle, légèrement tassée
2 ml	(1/2 c. à thé)	sel
125 ml	(1/2 tasse)	huile de canola
50 ml	(1/4 tasse)	beurre fondu

Préchauffer le four à 180 °C (350 °F).

Mélanger les dattes, l'orange et le jus dans une petite casserole. Couvrir et cuire à feu moyen 10 min ou jusqu'à ce que les dattes aient ramolli. Les écraser avec le dos d'une cuillère pour les défaire en morceaux. Réserver.

Dans un bol, mélanger les flocons d'avoine, la farine, la cassonade et le sel. Incorporer l'huile et le beurre.

Presser la moitié du mélange à l'avoine au fond d'un plat carré de 23 cm (9 po). Étendre la préparation aux dattes. Parsemer du reste du mélange à l'avoine.

Cuire au four 30 min ou jusqu'à ce que le dessus soit doré.

Laisser refroidir et couper en 16 carrés.

saviez-vous que…

- L'avoine conserve une bonne partie du germe et du son (l'enveloppe) du grain lors de sa transformation, ce qui en fait une céréale nutritive et riche en fibres. Peu importe le type de gruaux, ils sont tous faits de flocons d'avoine à grains entiers.

mon enfant peut…

- Mesurer les ingrédients secs ;
- Préparer le mélange d'avoine ;
- Couper l'orange avec un couteau approprié et sous la supervision d'un adulte.

Crème aux framboises

Rempli des bons phytoestrogènes du soya, ce dessert est diablement facile à préparer et divinement savoureux !

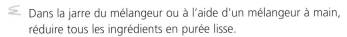

Préparation : 10 min (attente 30 min)   Portions : 6

1 paquet	(340 g/12 oz)	tofu soyeux
30 ml	(2 c. à soupe)	sirop d'érable
250 ml	(1 tasse)	framboises fraîches ou surgelées
5 ml	(1 c. à thé)	vanille
		feuilles de menthe fraîche (facultatif)
		framboises fraîches (facultatif)

Dans la jarre du mélangeur ou à l'aide d'un mélangeur à main, réduire tous les ingrédients en purée lisse.

Verser dans des coupes individuelles. Réfrigérer au moins 30 min avant de servir.

Garnir de feuilles de menthe fraîche et de quelques framboises, si désiré.

saviez-vous que...

- La surgélation industrielle s'effectue beaucoup plus rapidement que la congélation maison, ce qui permet de préserver davantage la saveur, la texture et la valeur nutritive des aliments.

mon enfant peut...

- Préparer la crème sous la supervision d'un adulte et la verser dans les coupes.

variante

- Remplacer les framboises par des fraises fraîches ou surgelées, ou encore des poires en conserve.

Carrés de yogourt aux poires

Assez élégant pour gâter des invités mais si simple qu'on aurait tort de s'en priver un jour de semaine ordinaire.

Préparation : 15 min   Cuisson au four : 10 min   Portions : 12
(ATTENTE: 1 H 30)

CROÛTE

375 ml	(1 1/2 tasse)	farine
250 ml	(1 tasse)	flocons d'avoine
250 ml	(1 tasse)	cassonade
45 ml	(3 c. à soupe)	cacao en poudre
5 ml	(1 c. à thé)	cannelle moulue
2 ml	(1/2 c. à thé)	sel
125 ml	(1/2 tasse)	huile de canola
3 carrés	(100 g/3 oz)	chocolat mi-sucré, fondu

GARNITURE

1 1/2 enveloppe		gélatine sans saveur
1 pot	(650 g)	yogourt probiotique aux poires (de type Activia)

Préchauffer le four à 180 °C (350 °F).

Dans un bol, mélanger la farine, les flocons d'avoine, la cassonade, le cacao, la cannelle et le sel. Ajouter l'huile et le chocolat, et bien mélanger. Presser le mélange avec les doigts dans le fond d'un plat de 30 x 20 cm (12 x 8 po). Cuire au four 10 min. Laisser refroidir.

Dans un petit bol, faire gonfler la gélatine dans 125 ml (1/2 tasse) d'eau froide pendant quelques minutes.

Au bain-marie ou 20 à 30 s au micro-ondes, faire fondre complètement la gélatine pour obtenir un mélange liquide mais pas trop chaud. Incorporer au yogourt.

Verser la préparation au yogourt sur la croûte refroidie. Réfrigérer au moins 1 h avant de servir.

Couper en 12 carrés, accompagner de tranches de poires fraîches, d'un sirop de chocolat ou simplement garnir de copeaux de chocolat.

Se conserve jusqu'à 5 jours au frigo.

MON ENFANT PEUT...

- Presser le mélange d'avoine avec les doigts au fond du plat.

variante

- Remplacer le yogourt aux poires par un yogourt probiotique d'une autre saveur, comme fraise ou vanille.

Pouding à l'érable

Pas mal plus nourrissant et goûteux que les petits poudings du commerce !

Préparation : 5 min   Cuisson : 10 min   Portions : 6
(ATTENTE: 30 MIN)

2		œufs
60 ml	(4 c. à soupe)	fécule de maïs
125 ml	(1/2 tasse)	sirop d'érable
500 ml	(2 tasses)	lait
		sucre d'érable (facultatif)

Dans une casserole à fond épais, mélanger les œufs, la fécule de maïs et le sirop d'érable jusqu'à ce qu'il n'y ait plus de grumeaux. Ajouter le lait graduellement en fouettant. Cuire à feu moyen en brassant sans arrêt jusqu'à épaississement.

Verser dans des coupes individuelles. Réfrigérer au moins 30 min. Au moment de servir, garnir de sucre d'érable, si désiré.

Mon enfant peut…

- Faire cuire le pouding sous la supervision d'un adulte et le verser dans des coupes.

Truc

- Utiliser ce pouding pour préparer un Boston Cream Pie. Il suffit de tartiner le centre d'un gâteau à la vanille de ce pouding, puis de garnir le dessus d'une glace coulante au chocolat…

Variations sur les fruits

Autant de façons simples de manger des fruits !

FRUITS TROPICAUX

Préparation : 5 min

Servir des tranches d'ananas, de mangue et/ou de papaye
avec un yogourt probiotique à la vanille (de type Activia)
et saupoudrer de flocons de noix de coco grillés.

LITCHIS GLACÉS

Préparation : 5 min   (attente 2 h)

Pour une gâterie glacée originale, égoutter des litchis en conserve,
les congeler sur une plaque de cuisson au moins 2 h, puis servir dans des coupes.

POMMES VANILLÉES

Préparation : 10 min   Cuisson : 5 min   Portions : 4

Dans un grand poêlon, faire chauffer 250 ml (1 tasse) d'eau avec 75 ml (1/3 tasse) de cassonade et 5 ml (1 c. à thé) de vanille
jusqu'à ce que le sucre soit dissous. Pendant ce temps, peler (ou non) 2 pommes et les trancher de façon transversale.
Déposer les tranches de pomme dans le sirop et laisser mijoter 5 min ou jusqu'à ce qu'elles soient tendres.
Servir avec un peu du sirop ainsi que du yogourt probiotique aux pommes et müesli (de type Activia).

GELÉE MAISON

Préparation : 10 min   (attente 1 h)   Portions : 5

Dans un grand bol, saupoudrer un sachet de gélatine sans saveur sur 50 ml (1/4
tasse) d'eau froide et laisser gonfler 1 min. Mélanger 15 ml (1 c. à soupe) de sucre
avec 125 ml (1/2 tasse) de jus de raisin blanc bouillant, puis verser sur la gélatine pour
la diluer. Ajouter 250 ml (1 tasse) de jus de raisin froid. Répartir 250 ml (1 tasse) de
petits fruits frais ou surgelés dans des verres de 125 ml (1/2 tasse). Verser le mélange
de jus sur les fruits et réfrigérer au moins 1 h pour laisser prendre.

compote de pommes vanillée

178

Préparation : 10 min   Cuisson : 10 min   Portions : 3

Peler et trancher 6 pommes. Déposer les tranches dans un grand bol allant au micro-ondes, puis incorporer 50 ml (1/4 tasse) d'eau ou de jus de pomme, 50 ml (1/4 tasse) de cassonade et 10 ml (2 c. à thé) de vanille. Couvrir et cuire à la puissance maximale pendant 4 min. Mélanger et cuire encore 3 min. Découvrir et poursuivre la cuisson 3 min ou jusqu'à ce que les pommes aient ramolli. Servir tel quel, chaud ou froid, ou réduire en purée grossière à l'aide d'un pilon à pommes de terre.

fruits grillés

Préparation : 5 min   Cuisson au four : 15 min   Portions : 6

Préchauffer le four à 220 °C (425 °F). Couper 2 pommes, 2 poires et 2 prunes en deux, les dénoyauter et déposer les moitiés, face coupée vers le haut, dans un plat peu profond allant au four. Saupoudrer les fruits avec 30 ml (2 c. à soupe) de sucre et de la cardamome, de la cannelle ou de la muscade moulue, au goût. Cuire au four 15 min ou jusqu'à ce que le sucre soit doré. Servir avec du yogourt glacé à la vanille ou un yogourt probiotique à la vanille (de type Activia).

sorbet tropical

Préparation : 5 min   (attente 30 min)   Portions : 8

Dans la jarre du mélangeur ou du robot culinaire, combiner 750 ml (3 tasses) de fruits tropicaux surgelés et 75 ml (1/3 tasse) de sucre et pulser pour les hacher grossièrement. Tout en faisant fonctionner le robot, incorporer 200 ml (3/4 tasse) de yogourt probiotique nature sucré (de type Activia) et 15 ml (1 c. à soupe) de jus d'orange. Déposer dans des coupes. Mettre au congélateur 15 à 30 min et servir (si le sorbet est congelé plus de 2 h, il sera dur et on devra le remettre au robot pour lui redonner une texture veloutée). Garnir de feuilles de menthe.

Valeurs nutritives

Chaque recette a été analysée pour vous offrir sa valeur nutritive par portion, soit sa teneur en calories, protéines, glucides, fibres, lipides et sodium. Lorsqu'une recette offre un certain choix d'ingrédients, c'est le premier qui a été utilisé dans l'analyse de la valeur nutritive. Par ailleurs, à moins d'indications contraires, voici les variantes d'ingrédients que nous avons utilisées dans les recettes et qui ont servi à l'analyse nutritionnelle.

Lait et yogourt :	lait 1% et yogourt 1%
Lait évaporé :	lait évaporé partiellement écrémé
Mozzarella :	mozzarella partiellement écrémée
Parmesan :	parmesan fraîchement râpé (pour le goût)
Œufs :	œufs format gros
Huile :	huile d'olive
Farine :	farine tout usage
Bœuf haché :	bœuf haché maigre
Sauce soya :	sauce soya allégée en sel

Recettes	Par portion de...	Calories	Protéines (g)	Glucides (g)	Fibres (g)	Lipides (g)	Sodium (mg)
recettes de base et accompagnements							
Crème de maïs	300 ml	148	8,7	25	1,2	2,4	290
Légumes racines rôtis	1 portion	156	2,6	27	4,6	4,9	570
Ratatouille	200 ml	87	2,8	15	3	2,8	27
Tomates et concombres en salade	200 ml	80	0,8	4,4	1,2	7,1	7,1
Sauce yogourt, ail et menthe	30 ml	21	1,7	2,5	0	0,5	134
Sauce tomate	200 ml	84	4,6	14	4,9	3,5	836
Sauce blanche	125 ml	90	5,3	14	0,3	1,5	239

Recettes	Par portion de...	Calories	Protéines (g)	Glucides (g)	Fibres (g)	Lipides (g)	Sodium (mg)
variations sur les légumes							
Légumes grillés	1 portion	130	2,4	13	2,8	8,6	9,2
Fenouil en salade	1 portion	77	1	11	1,1	3,7	26
Rubans de carotte	1/2 carotte	30	0,5	4,8	1,1	1,2	15
Tomates grillées	1 tomate	87	3	8,4	1,7	5,2	111
soupes-repas							
Soupe pâtes et pois chiches	375 ml	298	16	47	7,4	7	963
Soupe asiatique au tofu	400 ml	316	21	40	2,8	9,2	992
Soupe indienne aux lentilles	330 ml	232	17	36	6,9	3,1	408
Soupe poulet et riz	375 ml	181	18	21	0,8	2,4	721
Soupe poulet et haricots	300 ml	247	24	30	7,1	3,6	320
Soupe aux saucisses italiennes	330 ml	298	17	25	3,6	15	941
bœuf							
Boulettes au parmesan	4 boulettes	220	19	2,9	0,3	14	159
Pitas farcis à la marocaine	1 pita	417	26	42	4,2	18	513
Ragoût de bœuf à la sauce	1 1/2 tasse	243	27	10	2,7	9,3	196
Sauté de bœuf à l'orange	1 portion	214	19	23	1,3	5,1	176
Bifteck de flanc de bœuf grillé	100 g	205	25	1,9	0,2	10	45

Recettes	Par portion de...	Calories	Protéines (g)	Glucides (g)	Fibres (g)	Lipides (g)	Sodium (mg)
Sauce bolognaise	190 ml	296	25	11	1,9	14	97
Bifteck sauce champignons au café	1 portion	206	27	6	0,9	8,3	179
Tacos Tex-Mex	1 taco	256	18	29	3,8	8,2	82

veau

Casserole de rigatonis et saucisses	300 ml	452	24	56	5,3	15	744
Escalopes de veau aux pommes	1 escalope	192	27	11	1,4	4,1	190
Ragoût de veau chasseur	250 ml	240	29	13	4,3	8,7	632
Burgers de veau et champignons	1 burger	221	16	26	2,7	5	295

porc

Côtelettes de porc poire et gingembre	100 g	215	24	13	1,1	7,1	250
Côtelettes de porc pesto aux tomates	100 g	182	20	2	0,7	9,8	223
Filet de porc à l'érable	100 g	221	30	14	0,2	3,9	356

poulet

Enchiladas au poulet	1 enchilada	348	32	28	2,3	9,3	736
Poulet à la chinoise	1 portion	150	22	3,7	0,1	2,9	370
Poulet cacciatore	1 cuisse	293	30	12	3,5	14	305

Recettes	Par portion de...	Calories	Protéines (g)	Glucides (g)	Fibres (g)	Lipides (g)	Sodium (mg)
Couscous au poulet	1 portion	260	24	25	5,3	7,7	309
Poulet en sauce crémeuse au cari	1 portion	221	31	12	0,9	5	447
Poulet sur lit de fenouil	1 portion	236	25	15	2,4	8,6	396
Poulet en croûte de sésame et sa salade	1 portion	317	32	9,3	3,4	17	74
Poulet 4 étapes	1 portion	170	22	5,2	1,4	6,2	91
Poulet aux légumes rôtis à la mexicaine	1 portion	347	27	37	5,2	11	272
Poulet parmesan	1 portion	186	27	9,1	1,6	4,4	547

DINDON

Recettes	Par portion de...	Calories	Protéines (g)	Glucides (g)	Fibres (g)	Lipides (g)	Sodium (mg)
Chili aux haricots rouges	250 ml	300	23	23	5,3	11	84
Dindon *piccata*	100 g	198	29	1,9	0,1	7,6	228
Macaronis à la mexicaine	300 ml	249	15	37	5,1	5,4	379
Pain de viande	1 tranche	199	21	6	1,1	9,7	408
Rouleaux de dindon asiatiques	1 rouleau	239	19	19	2,2	9,7	240

POISSON

Recettes	Par portion de...	Calories	Protéines (g)	Glucides (g)	Fibres (g)	Lipides (g)	Sodium (mg)
Croque-monsieur au thon	1 croque-m.	264	27	17	2,1	9,6	460
Croquettes de saumon asiatiques	1 croquette	127	17	6,8	0,7	3,7	170

Recettes	Par portion de...	Calories	Protéines (g)	Glucides (g)	Fibres (g)	Lipides (g)	Sodium (mg)
Filets de poisson, sauce aux fines herbes	125 g	225	28	0,6	0,2	11	151
Saumon grillé, sauce au yogourt	1 filet	182	25	5,3	0,8	6,9	112
Poisson catalan	100 g	212	31	11	3,6	4,7	446

PÂTES ET PIZZAS

Recettes	Par portion de...	Calories	Protéines (g)	Glucides (g)	Fibres (g)	Lipides (g)	Sodium (mg)
Orzo fines herbes et citron	200 ml	240	7,8	45	1,9	2,8	4,5
Fusillis à la poêle	400 ml	305	21	40	7,2	9,2	381
Pâte à pizza	1 pointe	249	8,9	50	5,9	2,2	585
Pizzas party ! (margharita)	1 pointe	336	17	52	6,1	7,4	816
Pâtes poulet et poivrons rôtis	400 ml	454	19	49	2	20	302
Pâtes *presto* thon et tomates	400 ml	368	24	49	1,4	7	336
Pâtes sauce crémeuse au pesto	500 ml	521	20	68	4	17	276
Polenta au parmesan	150 ml	133	6,2	18	1,1	3,9	550
Raviolis sauce deux tomates	300 ml	528	20	82	4,5	14	1141
Tortellinis sauce ratatouille	300 ml	358	13	57	3,5	9,1	394
Linguines aux palourdes	500 ml	402	23	59	2	6,2	91

Recettes	Par portion de...	Calories	Protéines (g)	Glucides (g)	Fibres (g)	Lipides (g)	Sodium (mg)
végétarien							
Tofu croustillant	125 g	315	21	10	2,9	23	258
Mozzarella en *carrozza*	1 sandwich	378	21	40	3,7	16	690
Pois chiches à l'indienne	250 ml	250	10	43	5,6	5,3	36
Orge champignons, épinards et feta	250 ml	252	10	41	5	6,5	479
œufs							
Frittata au brocoli	1 pointe	182	15	6,8	0,9	10	580
Œufs à la carte (jambon-fromage)	1 toast	261	20	15	1,6	14	763
Frittata aux pommes de terre	1 pointe	234	12	22	2,8	11	684
Quiche à la grecque	1 pointe	324	13	29	1,2	18	603
desserts							
Crêpes au fromage frais	1 crêpe	88	4,1	14	0,3	2	70
Boisson veloutée	250 ml	210	11	37	0,7	3,1	168
Gâteau de fête à décorer	1 carré	243	3,9	43	1,2	7,9	121
Carrés aux dattes et à l'orange	1 carré	282	3,3	46	3,2	10	65
Crème aux framboises	125 ml	61	2,9	8,6	1,1	1,7	3,5

Recettes	Par portion de...	Calories	Protéines (g)	Glucides (g)	Fibres (g)	Lipides (g)	Sodium (mg)
Carrés de yogourt aux poires	1 carré	350	6,9	51	1,6	14	120
Pouding à l'érable	125 ml	149	4,9	27	0,1	2,6	67

variations sur les fruits

Pommes vanillées	1/2 pomme	110	0,2	28	1,4	0,3	5,3
Gelée maison	125 ml	58	1,9	13	0,9	0,2	3,5
Compote de pommes vanillée	125 ml	180	0,5	45	4	0,8	4,5
Fruits grillés	1 fruit	89	0,5	23	2,9	0,5	0,1
Sorbet tropical	125 ml	47	1,8	9,6	1	0,6	23

Index

A

Agneau en cubes, 116
Ail, 69, 73
Aliments surgelés, 38, 46, 49, 53
Ananas, 177
Asperge, 162
Aubergine, 67
Avoine, flocons, 172, 175

B

Bacon, 158, 161, 162
Banane, 59
Betterave, 66
Beurre, 39, 42
Beurre aromatisé, 134
Bifteck de flanc de bœuf grillé, 92, 181
Bifteck sauce champignons au café, 94-95, 182
Bœuf, 86-97
Bœuf, bavette, 92
Bœuf en cubes, 89
Bœuf haché, 67, 87, 88, 93, 96, 140
Bœuf, surlonge, 90, 94
Boisson au malt, 51
Boisson de soya, 52
Boisson gazeuse, 37, 39, 41, 50
Boisson pour sportif, 51
Boisson veloutée, 169, 185
Bouillon de poulet de base, 64
Bouillon en boîte, 59
Boulettes au parmesan, 87, 181
Brocoli, 90, 161
Brunch, 131, 162
Burgers de veau et champignons, 102-103, 182
Burritos, 111

C

Café, 52
Caféine, 51, 52
Calcium, 39, 47, 48, 49, 51, 52
Carotte, 66, 72, 121
Carrés aux dattes et à l'orange, 172, 185
Carrés de yogourt aux poires, 174-175, 186
Casserole de rigatonis et saucisses, 99, 182
Céréales du petit-déjeuner, 44
Chambre froide, 20

Champignons, 90, 94, 100, 101, 102, 117, 121, 147, 162
Charcuteries, 48
Chili aux haricots rouges, 125, 183
Chocolat, 170, 175
Collation, 39-41
Comportement à table, 6, 7, 13-14
Compote de fruits, 47, 59
Compote de pommes vanillée, 178, 186
Concombre, 68, 69, 118
Congélateur, 20, 21, 24, 53-55
Congélation (conseils et utilisation), 31, 32, 87, 89, 93, 99, 102, 106, 113, 128, 132, 134, 142, 170, 177, 178
Conserves, 38, 42, 46
Côtelettes de porc pesto aux tomates, 106-107, 182
Côtelettes de porc poire et gingembre, 105, 182
Courge d'hiver, 66
Courgette, 67, 72, 90, 115, 140, 154
Couscous au poulet, 114-115, 183
Couteaux, 19, 94
Craquelins, 45
Crème aux framboises, 173, 185
Crème de blé, 58
Crème de maïs, 65, 180
Crème glacée allégée, 50, 53
Crêpes au fromage frais, 168, 185
Crevettes, 90, 148, 150, 158
Croque-monsieur au thon, 131, 183
Croquettes de saumon asiatiques, 132-133, 183
Croustilles, 50

D

Dattes, 172
DESSERTS, 11, 16, 166-179
Desserts glacés, 50, 53
Dindon, 32, 54, 106, 124-129
Dindon, filets, 54, 126
Dindon haché, 125, 126, 127, 128, 129
Dindon piccata, 126, 183
Dindon, poitrines, 129

E

Eau, 39, 41
Eau embouteillée, 50
Eau gazéifiée aromatisée, 50
Édulcorant artificiel, 47
Enchiladas au poulet, 111, 182

Enfants dans la cuisine, 19, 20, 32, 33
Épinards prélavés, 56
Épinards surgelés, 71, 99, 158, 165
Escalopes de veau aux pommes, 100, 182
Espace d'entreposage, 20-21
Espace de travail, 19-20

F

Féculents, 23, 38
Fenouil, 67, 68, 72, 84, 117
Fenouil en salade, 72, 181
Fer, 38, 52
Feta, 66, 144, 158, 165
Fibres, 38, 45, 48, 56
Filet de porc à l'érable, 108-109, 182
Filets de poisson, sauce aux fines herbes, 134, 184
Fraise, 173
Framboise, 173
Friandises, 11, 16, 37
Frigo, 21, 24, 55-57
Frittata au brocoli, 161, 185
Frittata aux pommes de terre, 164, 185
Fromage, 48
Fromage à la crème, 146
Fromage bleu, 66, 143, 162
Fromage frais aromatisé, 168, 170
Fromage frais écrémé, 57
Fromage râpé en sachet, 55
Fruits (frais, surgelés, en conserve), 38, 46, 53
Fruits de mer cuits surgelés, 54
Fruits grillés, 178-179, 186
Fruits secs, 56
Fruits tropicaux, 177
Fruits, variations sur les, 177-179
Fusillis à la poêle, 140-141, 184

G

Garde-manger, 21, 57-60
Gâteaux, 45
Gâteau de fête à décorer, 170-171, 185
Gelée maison, 178, 186
Gingembre frais, 105, 129, 132
Graines de lin, 56
Gras, 42-43, 47, 48
Gras insaturés, 42, 49, 56
Gras saturés et trans, 45, 49, 50, 51
Groupes alimentaires, 17, 34, 38

H

Haricots blancs, 68, 83
Haricots noirs, 68, 96
Haricots rouges, 125
Haricots verts, 78, 139, 140
Herbes fraîches, 82, 116, 120
Hoummos, 56
Huile végétale, 42, 49

I - J

Inventaire de base, 25, 26-27
Jambon, 161, 162
Jus, 39, 41, 47
Jus de fruits concentré, 53
Jus de raisin blanc, 178

L

Lait, 34, 39, 41, 47, 52
Lait aromatisé, 51
Lasagne, 70, 71
Légumes (frais, surgelés, en conserve), 23, 38, 46, 53, 109
Légumes grillés, 72, 181
Légumes racines rôtis, 66, 180
Légumes, variations sur les, 72-73
Légumineuses, 48-49, 60, 127 (*voir aussi* Haricots blancs, Haricots noirs, Haricots rouges, Lentilles, Pois chiches)
Lentilles, 80
Linguines aux palourdes, 150-151, 184
Liste d'achats, 25, 26-27, 28, 36, 37
Litchis glacés, 177

M

Macaronis à la mexicaine, 127, 183
Maïs en grains, 65, 68, 96, 121
Mangue, 177
Margarine, 42, 49
Mayonnaise au sésame, 132
Menu, 6, 11, 23
Mirin, 112, 153
Mozzarella en carrozza, 154-155, 184
Muffins, 45

N

Navet blanc, 66
Noix de soya grillées, 57
Noix hachées, 56
Noix rôties, 146
Nouilles de riz chinoises, 78, 79

Nouveaux aliments (néophobie), 9, 10, 11, 12, 14, 17, 23
Nuoc mam, 79

O

Œufs, 67, 160-165
Œufs à la carte, 162-163, 185
Œufs liquides pasteurisés, 55
Oignon (légume d'accompagnement), 66, 72
Oméga-3, 56, 169
Orge champignons, épinards et feta, 158-159, 185
Orzo fines herbes et citron, 139, 184

P

Pain, 18, 39, 44, 58
Pain de viande, 128, 183
Palourdes, 148, 150
Panais, 66
Pâte à pizza, 142, 184
Pâte filo, 165
Pâtes à Won Ton, 54
Pâtes alimentaires, 45, 70, 71
Pâtes alimentaires courtes, 67, 68, 77, 84, 127, 140
Pâtes alimentaires de blé entier, 140
Pâtes alimentaires farcies surgelées, 55, 148, 149
Pâtes alimentaires longues, 93, 144, 145, 146, 150
Pâtes et pizzas, 138-151
Pâtes poulet et poivrons rôtis, 144, 184
Pâtes presto thon et tomates, 145, 184
Pâtes sauce crémeuse au pesto, 146, 184
Pêches en boîte, 59
Pepperoni végétarien, 143
Pesto au basilic, 57, 143, 144, 146
Pesto aux tomates, 57, 68, 106, 146, 148
Pignons, 144, 146
Piment, 125
Pitas farcis à la marocaine, 88, 181
Pitas rôtis, 80
Pizza au pesto, 143
Pizza aux artichauts, 143
Pizza Margharita, 143, 184
Pizza pepperoni-fromage, 143
Pizza poire-bleu, 143
Pizza poulet-pomme, 143
Pizza provençale, 143
Pizzas surgelées, 49
Planification des achats, 6, 19, 25-29
Planification des repas, 6, 12, 19, 21-25

PLATS PRINCIPAUX, 76-165
Poêle en fonte, 92
Poire, 173, 178
Poireau, 83, 100
Pois chiches, 68, 77, 115
Pois chiches à l'indienne, 156-157, 185
Poisson, 130-137
Poisson catalan, 136-137, 184
Poisson en boîte, 57
Poisson, filets surgelés, 55
Poivron, 67, 72, 90, 96, 129, 144
Polenta au parmesan, 147, 184
Pomme, 178
Pomme de terre, 66, 73, 89, 109, 121, 128, 156, 157, 164
Pommes de terre et saucisses, 73
Pommes de terre salées, 73
Pommes vanillées, 177, 186
Porc, 104-109
Porc, côtelettes, 105, 106
Porc, filet, 108
Portions alimentaires, 34-37, 123
Pouding à l'érable, 176, 186
Poulet, 64, 83, 106, 110-123, 139, 143
Poulet 4 étapes, 120, 183
Poulet à la chinoise, 112, 182
Poulet aux légumes rôtis à la mexicaine, 121, 183
Poulet cacciatore, 113, 182
Poulet, cuisses, 113, 120
Poulet en croûte de sésame et sa salade, 118-119, 183
Poulet en sauce crémeuse au cari, 116, 183
Poulet, hauts de cuisse, 115, 117
Poulet parmesan, 122-123, 183
Poulet, poitrines, 54, 69, 82, 111, 112, 115, 116, 117, 118, 121
Poulet sur lit de fenouil, 117, 183
Principe de la division des responsabilités, 7-8, 11-12
Probiotiques, 47 *voir aussi* Yogourt probiotique
Protéines, 23, 39, 48, 51, 56
Prune, 178

Q - R

Quiche à la grecque, 165, 185
Ragoût de bœuf à la sauge, 89, 181
Ragoût de veau chasseur, 101, 182
Ratatouille, 67, 113, 143, 149, 180
Raviolis sauce deux tomates, 148, 184
RECETTES DE BASE ET ACCOMPAGNEMENTS, 62-73
Repas surgelés, 49
Repas traditionnel, 5, 15

Répertoire alimentaire, 6, 9, 15-16
Restaurant, 17, 24
Riz, 32, 45
Riz basmati, 90
Riz brun, 82, 136
Robot culinaire, 32
Rouleau de printemps, 129
Rouleaux de dindon asiatiques, 129, 183
Rubans de carotte, 72, 181

S

Salade, 68, 72, 118, 135
Salade prélavée, 56
Salade-repas, 68, 139
Salsa, 57
Sauce à la florentine, 71
Sauce à la viande improvisée, 70
Sauce à spaghettis du commerce, 50
Sauce au fromage, 71
Sauce au yogourt, 135
Sauce blanche, 71, 181
Sauce bolognaise, 93, 182
Sauce hoisin, 90, 118, 129
Sauce rosée, 71
Sauce tomate, 70, 180
Sauce tomate aigre-douce, 128
Sauce yogourt, ail et menthe, 69, 180
Saucisse de veau, 73, 99
Saucisse italienne, 84
Saumon en conserve, 132, 145
Saumon frais, 112, 135
Saumon fumé, 131
Saumon grillé, sauce au yogourt, 135, 184
Sauté de bœuf à l'orange, 90-91, 181
Sel, 42-43 *voir aussi* Sodium
Sésame, graines, 118, 132, 153
Signaux internes de faim et de satiété, 7, 9, 10
Sirop d'érable, 108, 176
Sodium, 45, 46, 48, 49, 50
Sorbet tropical, 178, 186
Soupe, 65, 87
Soupe asiatique au tofu, 78-79, 181
Soupe aux saucisses italiennes, 84-85, 181
Soupe en conserve, 50, 59
Soupe indienne aux lentilles, 80-81, 181
Soupe pâtes et pois chiches, 77, 181
Soupe poulet et haricots, 83, 181
Soupe poulet et nouilles, 64
Soupe poulet et riz, 82, 181
Soupes-repas, 76-85
Spaghetti-boulettes de viande, 87

Spritzer, 51
Sucettes glacées aux vrais fruits, 54
Sucre, 45, 46, 50, 51, 52

T

Tacos Tex-Mex, 96-97, 182
Thé, 52
Thé glacé, 52
Thon en conserve, 68, 131, 139, 144, 145
Thon frais, 112, 135
Tisane, 52
Tofu, 48-49
Tofu croustillant, 153, 185
Tofu extra-ferme, 78, 112, 118, 123, 153
Tofu soyeux, 58, 173
Tomate fraîche, 68, 69, 72, 73 120, 136, 162
Tomates et concombres en salade, 68, 180
Tomates grillées, 73, 181
Tortellinis sauce ratatouille, 149, 184
Tortilla, 96, 111, 129
Traiteur, 24, 32

V

Veau, 98-103
Veau en cubes, 116
Veau haché, 128
Végétarien, recettes, 77, 78, 80, 143, 146, 148, 149, 152-159, 161, 164, 165; variantes, 123, 125, 127, 140, 144
Végétarisme, 42
Viandes et substituts, 38, 48
Viande hachée, 31, 48
Vinaigre de riz, 118
Vitamine A, 52
Vitamine B_{12}, 52
Vitamine C, 46, 52
Vitamine D, 39, 51, 52

Y - Z

Yogourt à boire, 51
Yogourt glacé, 50, 53, 178
Yogourt nature, 47, 55, 69, 88, 96, 100, 131, 135, 170
Yogourt probiotique, 47, 175, 177, 178
Zinc, 38

Table des matières

Manger en famille, tout un défi !. 5
1. Élever un bon mangeur. 7
   Comment agir ?. 7
   Pourquoi ?. 8
   Au quotidien 11
2. S'organiser 19
   L'espace de travail 19
   L'espace d'entreposage 20
   La planification des repas 21
      Six stratégies 23
      Congé de souper ! 24
   La planification des achats 25
      Inventaire de base 26
      Liste d'achats personnalisée 28
   Les achats 29
   La préparation des repas. 30
      Cuisine 101 31
      De l'« aide » dans la cuisine 33
3. S'alimenter selon ses besoins 34
   Combien de portions ? 34
   Qu'est-ce qu'un bon repas ? 38
   Les collations 39
   Trop de liquide ? 41
   La question du gras et du sel 42
4. Choisir ses aliments 44
   Les denrées de base 44
   Les aliments préparés 49
   Les boissons 50
   Nos produits préférés 53

RECETTES DE BASE ET ACCOMPAGNEMENTS . . . 62
Bouillon de poulet de base 64
Crème de maïs 65
Légumes racines rôtis 66
Ratatouille 67
Tomates et concombres en salade 68
Sauce yogourt, ail et menthe 69
Sauce tomate 70
Sauce blanche 71
Variations sur les légumes 72

PLATS PRINCIPAUX 74
Soupes-repas 76
Soupe pâtes et pois chiches 77
Soupe asiatique au tofu 78
Soupe indienne aux lentilles 80
Soupe poulet et riz 82
Soupe poulet et haricots. 83
Soupe aux saucisses italiennes 84
Bœuf 86
Boulettes au parmesan 87
Pitas farcis à la marocaine. 88
Ragoût de bœuf à la sauge 89
Sauté de bœuf à l'orange. 90
Bifteck de flanc de bœuf grillé 92
Sauce bolognaise 93
Bifteck sauce champignons au café 94
Tacos Tex-Mex 96

Veau 98
Casserole de rigatonis et saucisses 99
Escalopes de veau aux pommes 100
Ragoût de veau chasseur 101
Burgers de veau et champignons 102
Porc 104
Côtelettes de porc poire et gingembre 105
Côtelettes de porc pesto aux tomates 106
Filet de porc à l'érable 108
Poulet 110
Enchiladas au poulet 111
Poulet à la chinoise 112
Poulet *cacciatore* 113
Couscous au poulet 115
Poulet en sauce crémeuse au cari 116
Poulet sur lit de fenouil. 117
Poulet en croûte de sésame et sa salade 118
Poulet 4 étapes 120
Poulet aux légumes rôtis à la mexicaine 121
Poulet parmesan 122
Dindon 124
Chili aux haricots rouges 125
Dindon *piccata* 126
Macaronis à la mexicaine 127
Pain de viande 128
Rouleaux de dindon asiatiques 129
Poisson 130
Croque-monsieur au thon 131
Croquettes de saumon asiatiques 132
Filets de poisson, sauce aux fines herbes 134
Saumon grillé, sauce au yogourt 135
Poisson catalan 136
Pâtes et pizzas 138
Orzo fines herbes et citron 139

Fusillis à la poêle 140
Pâte à pizza 142
Pizzas party ! 143
Pâtes poulet et poivrons rôtis 144
Pâtes *presto* thon et tomates 145
Pâtes sauce crémeuse au pesto 146
Polenta au parmesan 147
Raviolis sauce deux tomates 148
Tortellinis sauce ratatouille 149
Linguines aux palourdes 150
Végétarien 152
Tofu croustillant 153
Mozzarella en *carrozza* 154
Pois chiches à l'indienne 156
Orge champignons, épinards et feta 158
Œufs 160
Frittata au brocoli 161
Œufs à la carte 162
Frittata aux pommes de terre 164
Quiche à la grecque 165

DESSERTS 166
Crêpes au fromage frais 168
Boisson veloutée 169
Gâteau de fête à décorer 170
Carrés aux dattes et à l'orange. 172
Crème aux framboises 173
Carrés de yogourt aux poires 175
Pouding à l'érable 176
Variations sur les fruits 177

Valeurs nutritives 180
Index 187

400 ml

300 ml

200 ml

Mic

100 ml